4年間
まるっと！
おまかせ

短時間で
パッとできる

英語あそび
大事典

『授業力＆学級経営力』
編集部 編

明治図

JN040213

イントロダクション

「ワクワク」する体験で,もっと英語を好きにする!

広島市立美鈴が丘中学校　胡子美由紀

1．教室を居心地のよい空間にしよう

　予測困難で不確実な（VUCA）時代を生き抜く子どもたちには,課題を見つけ,主体的に向き合い,他者と協働して解決をしていく力を身につけることが求められています。

　こうした力の涵養が求められている今,課題になるのが,子どもたちの学びへの動機を高め,いかに学びに没頭させるかです。この大きな鍵を握るのが,「学びのエンゲージメント」（以下 EG）。「EG」とは,「学習者が夢中になって学習に取り組んでいる状態」のことです（Mercer & Dörnyei, 2020）。

　小学生は集中力の持続時間の限界が,15分だとも言われています。しかし,この「EG」の土台をつくることが,子どもの集中力を高め,限界時間を超えても意欲を持続させ,さらに豊かな学びを引き出します。

　「EG」の効果を引き出す盤石な土台となるものは何でしょうか？それは,

> 「児童生徒と教師の信頼関係」
> 「ポジティブなクラス・カルチャー」

の構築にほかなりません。安心して自分を出せる居心地のよい教室集団が,

言語バリアを取り除き，子どもたちの夢中を引き出す EG の基盤になります。

2. 英語に夢中にさせよう

　人が夢中になるのはどんなときでしょうか？授業では，活動の中で，「思わず時間を忘れて没頭する」状態になるときが「夢中になる」ときです。では，子どもの夢中を引き出すのに必要な原則は何だと思われますか？

```
①目的　　②レアリア　　③自分ごと　　④協働　　⑤楽しさ
```

　この5つは，子どもの夢中を誘う私の授業のキーです。なぜでしょう？

　「目的」は，「目指す子どもの姿・最終到達点」であり，「どんな児童生徒に育てたいか」「どんな教育をしたいか」という「教師の理念」が反映されます。例えば，「温かい言葉を通したやり取りを通し，自分の考えをもち，仲間を尊重し思いやりのある人間性を身につける」ことは私の目指す子どもの姿の1つです。この理念こそが，大きく授業デザインに影響します。

　また，外国語学習では，意欲と主体性の喚起には，「レアリア」（児童生徒が身近に感じる生の情報）や興味をもち「自分ごと」として迫れる課題が必須です。知的好奇心や価値観の揺さぶりには，協働での活動を仕組みます。

　そうすると，子どもは，単に楽しい"fun"だけではなく，仲間と課題を乗り越えるからこその楽しさ"enjoyment"を感じるはずです。それが，次のステップへの勇気となり，夢中のスパイラルを生みだします。

　各ページにある「うまくいくコツ」には，夢中を引き出すために，活動を円滑に進めたり配慮したりするのに必要なマネジメントを紹介しています。また，最終ページには，「ポイント」（気をつけたいこと）もしくは「プラスα」（アレンジ）で効果的に活動を行うことができるように先生方をサポートしています。活動の導入で，子どもの「意欲の喚起」ができたら，帯活動に取り入れ，「意欲を維持」させ，さらにプラスαの要素を加えることで，

「意欲の発展」につなげてください。

3.遊び（使い）ながら身につける

　子どもは言葉やものの使い方，さらに周囲の人との関わり方をどのようにして身につけているのでしょう。それは，生活の中で実際に体験することを通してです。そして，その体験のほとんどが「遊び」です。英語は言語なので，最も理に叶った習得方法は，やはり「使いながら身につける」ことです。

　ここで，日本の英語使用環境について考えてみましょう。日本は EFL（English as a foreign language）環境です。一歩教室を出ると日常生活で差し迫った英語使用の状況に置かれることはまずなく，input-poor な環境なのは言うまでもありません。だったら，英語を使うチャンスをつくればよいのです。

　その鍵が，"Output First" です。output を通し，英語を意識的に使わせる状況をつくることで，教室を input-rich な環境にしてしまいます。「言葉は使いながら学び，使う中で身につけるもの」です。

　本書に掲載の活動はすべて，実際のコミュニケーションの場面と身につけさせたい力を明確にしたものになっています。お使いいただくと，子どもたちが，言語活動の中（場面）で，文のルール（文法）や表現を獲得していくのを実感いただけます。個人の活動だけでなく，協働で取り組むことを仕組めば，子どもの学習意欲と学習効果も最大限に高めることができるでしょう。

　本書を活用して，子どもたちの夢中を引き出し，英語の虜にしてしまいましょう。

【参考文献】
胡子美由紀（2011）『英語授業ルール＆活動アイデア35』明治図書
Mercer, S. & Dörnyei, Z. (2020). Engaging Language Learners in Contemporary Classrooms. Cambridge University Press.（鈴木章能・和田玲訳（2022）『外国語学習者エンゲージメント—主体的学びを引き出す英語授業』アルク）

もくじ

よく使う表現に慣れ親しもう！

教室英語Simon Says

 時間　5分　 準備物　特になし

ねらい

"Stand up." や "Sit down." といったこれから頻繁に使う表現を聞いて実際に動いてみることを通して，楽しみながら表現に慣れ親しむ。

対象

中 学年

高 学年

1.ルール説明の前に, ゲームで使う表現を知る

 それでは，先生の真似をしてリピートしながら動いてみましょう。
Stand up!（立つ）

 Stand up!（立ちながら）

 Sit down!（座りながら）

 Sit down!（座りながら）

2.Simon Saysゲームのルールを確認する

 それでは，今の英語を使って Simon Says ゲームをします。先生が Simon says と言ったときだけ，その動作をしましょう。Simon says と言わなかったときは，動いたりリピートしたりしてはいけませんよ。

Simon says, "Stand up."

 Stand up!（立ちながら）

 Simon says, "Sit down."

 Sit down!（座りながら）

 "Stand up."

 Stand up!（立ちながら）
あっ，間違えた…。

 間違えてしまった子は座りましょう。それでは続けます。
Simon says, "Stand up."

（人数がある程度減るまで続ける）

 今立っている人が今日のチャンピオンです。
Clap your hands.（拍手）

\ ポイント /

　特に中学年では，はじめて英語を学ぶ児童も多くいるでしょう。最初は使用する表現を少なくし，児童の様子を見ながら少しずつ増やしていくことで，英語を学ぶことへの抵抗をなるべく小さくします。

英語でやってみよう！
英語でじゃんけんゲーム

🕐 **時間** 10分　　✎ **準備物** 特になし

ねらい

教師とのじゃんけんキングや友達と何度もじゃんけんをする活動を通して，楽しみながら英語でじゃんけんをする表現に慣れ親しむ。

対象

中 学年

高 学年

1. 教師とのやり取りを通して英語でのじゃんけんのやり方を知る

 Now, let's play Janken game. Do you know "Janken"?

 Yes!

Great! Today, let's play "Janken" in English. Repeat after me "Rock- paper-scissors, 1 2 3!"
（グーチョキパーの動作を見せながら言う）

 Rock- paper-scissors, 1 2 3!

2. 教師と児童生徒でじゃんけんキングゲームをする

 Now, let's play the "Janken King Game." If you lose, sit down. If you win or tie, keep standing.

Rock- paper-scissors, 1 2 3!
（子どもたちも一緒に言いながらじゃんけんをする）

 Losers, please sit down.（何回か続ける）

 You are the winners.（立っている子どもたちを示しながら）
Clap your hands.（拍手をする）

3. 子ども同士でペアを見つけてじゃんけんゲームをする

 Next, let's find your partner and play "Janken".
Before Janken, you say "Hello". After Janken, you say
"Thank you." and find a new partner. Let's play Janken
with many friends. Are you ready?

 Yes!

 Ready go!（時間になるまで友達とじゃんけんを続ける）

 Time is up! How many partners did you play with?
Great job everyone!

＼ ポイント ／

いきなりペアでのじゃんけんを行うのではなく，最初に教師対児童全員でじゃんけんキングを行うことで，表現にたくさん聞き慣れておくと，実際に言ってみる活動にスムーズに移行することができます。

仲間と一緒に謎解きをしよう！

Be a detective!

⏰ 時間	10分	📝 準備物	特になし

ねらい

既習事項を活用し子どもが楽しくなるクイズを行うことで，英語への興味を喚起し，クラス全員の参加を促し一体感を醸成する。

対象

中 学年

高 学年

1. 活動のルールを理解する

Hello, everyone! Do you like a quiz? I hope you will enjoy it with your group members. Look at this slide. What are these? They are some words and numbers about me.

うまくいくコツ
子どもが「なんだろう？」と思うもの（靴のサイズ・好きな俳優のイニシャルなど）を選ぶ。導入時に見せて，個人思考の時間にする。子どもからリアクションを引き出すなどして，インタラクションをしながら進める。

First, think of what they are with group members.
Second, make questions for five minutes.
Third, ask me questions your group came up with.

Do you have any questions about this activity?

No, we don't.

Please make a group of four.
Let's check rules.

To help each other. To have fun. To enjoy making mistakes.

That's right. I'll give you 5 minutes. Here we go!

2. グループでクイズに挑戦し（5分），教師に尋ねる

Say "Let me try." when you
want to ask me a question.

Is it your favorite number?

That's right. Ask me more.

3. 種明かし（語と数字を使った教師の自己紹介）を聞く

I'm from Fukuoka.
I like …. …

小学校で学んだ英語を使って何回も質問できましたね。

＼ プラスα ／

　質問が終わったら，①教師の自己紹介内容を書き写す，②教師のものをモデルに子ども同士自己紹介をし合う，などを行うとよいでしょう。

授業開き

短時間で協働して仲良くなろう！
ナンバーカウンティング

⏰ 時間	3分	✏️ 準備物	特になし

ねらい

誰とでも活動できる雰囲気をつくり，協働で取り組む楽しさを味わわせる。また，英語を出力する瞬発力を鍛える。

対象

 中学年

 高学年

1 . 活動の導入をする

 Make pairs. Do Janken with your partner.

> **うまくいくコツ**
> 声を出して勢いよくじゃんけんをさせる。

 Sure. Rock-paper-scissors, 1 2 3!

2 . ルールを理解する

 Winners, raise your hand. You start "one." The others, raise your hand. You start "two." Then, three four, five ,… twenty. Do High-five and say "We've done!" Sit down and practice counting. Any questions? Check what you're going to do with your partner.

> **うまくいくコツ**
> "Yes, me!" などのリアクションをさせ，肘を伸ばして挙手させる。指示をしたら必ず確認する。活動後の指示も出す。

（ペアでやることを確認する）No questions. All right!

3. 活動を行う

 Stand up! Say as quickly as possible. Are you ready? Go!

 （交互に1〜20まで言い，20を言ったらハイファイブ。そのまま教師の方を向き，"We've done." 座ってから，また交互に数字を言う）

 （終わったペアに，何番目に終わったかを指示しながら支援する）
You did a great job! Winners are ….
Give them big hands.

> **うまくいくコツ**
> BGM を流したり活動後も声を出し続けたりすることで，発音へのメンタルブロックを取り除く。時間制限を設けると夢中になる。

授業開き

> Face each other.
> Are you ready?

> One
> Two
> Three
> Four

\ プラスα /

数字を2の倍数や序数にしたり，時間制限を設けトピック（動物・果物など）の語にしたりするとよりアクティブになります。

「アイコンタクト」で「心」をつなげよう!

Helloリレー

時間	10分	準備物	特になし

ねらい

友達と「アイコンタクト」をしながらあいさつをつないで,「心」を送り合うコミュニケーションをする。

対象

中 学年

高 学年

1.活動のやり方を理解する

 Let's make a circle with about 10 friends.

 Please choose the student to greet first. The first student, raise your hand. (しっかり最初の子を確認する)

> **うまくいくコツ**
> 毎時間辛抱強く,活動の価値を伝えながら指導することで,よりよいクラスづくりにつながる。「おすし(思いやりをもって,すばやく,静かに)」などの合言葉があるとよい。

 最初の人,次にあいさつしてほしい友達に向かいアイコンタクトをしながら "Hello." とあいさつしましょう。アイコンタクトをされた人は,同じく "Hello." とその友達に返しましょう。次に,あいさつをされた人は,また次の友達を決めて,同じように「アイコンタクト」をしながら "Hello." とあいさつをしてください。最後の人は,最初の人にあいさつします。全員が回ったら,みんなで同時に "Thank you!" と言って,その場に座ってください。

2. 実際に活動を行う

 （アイコンタクトを送って）Hello.

 ぼくかな？ Hello. ええと, じゃあ 次は…（次の友達にアイコンタクト を送って）Hello.

 あ, 私？ Hello. 次は誰にしようかな… （以下, 同様に続く）

 Hello. ぼくが最後だね。じゃあ, Hello.

 Hello. これで全員あいさつを回したね。 せ～の, Thank you!!（座る）

うまくいくコツ
ぬいぐるみなどをバトンのように回したり, 教師が指示して時計回りに順番にあいさつしたりすることから始めてもよい。

3. 活動後の振り返りを行う

 そこのグループは, アイコンタクトだけではなくて,「笑顔」がすてきでしたね。そちらのグループは, あいさつを送る相手に向かって, 手を差し伸べていました。ジェスチャーも大切ですね。

＼ プラスα ／

"Hi," "Good morning." などのあいさつで行ってもよいですし,「名前」を送り合ったり,「数字」「曜日名」「月名」などを正しい順番で送り合ったりすると, 子どもの知的好奇心を奮起できます。

あいさつをする

ペアを見つけよう！
アルファベット・デート

| 時間 | 5分 | 準備物 | ●アルファベットカード |

ねらい

授業の導入で，あいさつを交わしながら自然とペアをつくる活動を通して，クラスの友達とよりよいコミュニケーションを図る。

対象
中 学年
高 学年

1. アクティビティを理解する

Aさん，前に出てきて。I'll give you a card with an alphabet character written on it. Here you are. みんなに見せて。

Thank you.…あれ？半分しかない？これは…"F"？

そうですね。つまり，もう一方の"F"のカードを持っている友達を，歩き回って探してください。見つけたら，2人でカードを合体させて，黒板に貼りだします。Please watch our demonstration.

Hello, Aさん。What alphabet character do you have?

Hello, Ogata sensei. I have "F". How about you?

I also have "F" !! Yay! High-five! （ハイタッチする）

黒板に貼りだした後は，ペアになってこの席の列から順番に隣同士で座りましょう。それが今日の外国語の授業の座席になります。もしお互いの持っているカードのアルファベットが違っていたら，どうしますか？

お互いに "Thank you." とか "Don't mind." とあいさつします。

いいですね。早くペアを見つけるよりも，友達とのあいさつやコミュニケーションが大切ですね。最後まで相手への礼儀を忘れずにね。

2. 実際にアクティビティを行う

（席に着いた子）Bさん，困ってる？アルファベットは何？

"A" を持っているんだけど…。

それなら，さっきCさんが持っていたよ。話しかけてみて。

3. 活動後の振り返りをする

席に着いた後に，「傍観者」がいなかったことがすばらしい。まだ探している友達を見つけて，「〇〇さんが持っているよ」と教えてあげている人もいました。そのような心遣いが，クラスを温かく成長させていきますね。Thank you so much!!

自己紹介してサイン交換をしよう！

サインちょうだい

時間	10分	準備物	●ワークシート

ねらい

自分のこと知ってもらうために，英語で自己紹介をしたり，サインを書いたり書いてもらったりすることで，進んで自分のことを伝えたり相手のことを知ったりしようとする意欲を高める。

対象
中 学年
高 学年

1. ルールを理解する

 今から「サイン集め」をします。クラスの友達に自分の名前を伝えたらサインをもらいましょう。

2. 教師と子ども（またはALT）のデモンストレーションを見る

 Hello.

Hello.

 My name is Akinori.

 My name is Yui.
Nice to meet you.

うまくいくコツ
日本語での説明はできるだけ少なくし，デモンストレーションを見ながら活動を理解するようにする。

Nice to meet you, too.
Sign, please.

OK.(サインを書く)
Sign, please.

OK.(サインを書く)

Thank you.

3.子ども同士でサイン集めをする

それでは，みんなもできるだけ
たくさんの友達と自己紹介をし
合ってサインを集めましょう。

うまくいくコツ
デモンストレーションは，必
要に応じて，子どもを替えて
何度かやったり，教師と子ど
もによるデモンストレーショ
ンだけでなく，子ども同士の
デモンストレーションを行っ
たりする。

うまくいくコツ
子ども同士の活動の際は，全体
を見回りながら，必要に応じて，
全体での活動を一度止めて，よ
りよいコミュニケーションにす
るにはどうすればよいのか考え
てもよい。

自己紹介をする

＼ ポイント ／

クラスの他の友達のことを知ったり，自分のことを知ってもらったり
することは，子どもにとって本来は魅力的な活動です。サイン集めをす
る際に「〇人以上の人とやりましょう」や「男子〇人，女子〇人とやり
ましょう」などの条件を与えることは，その条件を達成すること自体が
目的になってしまい，本来の魅力を子どもたちが感じられなくなる可能
性もあります。そうした条件を出すのは，活動が停滞してしまいどうし
ても活動を活性化したいときのみにするとよいでしょう。

自分のことを知ってもらおう！
名刺交換ゲーム

 時間　10分　 準備物　●名刺カード

ねらい

自分のこと知ってもらったり相手のことを知ったりするために，名刺交換をしながら英語で自己紹介をすることで，進んで自分のことを伝えたり相手のことを知ったりしようとする意欲を高める。

対象

中
学年

高
学年

1. 名刺カードをつくる

 まず，活動の前に名刺をつくりましょう。「名前」「好きなこと」など，自分のことが相手に伝わるように自由に作成してみましょう。

> **うまくいくコツ**
> 名刺カードについては，紙に書かせてもよいが，何枚も書かせると活動の進度にかなりの差が生まれてしまうため，事前にスライド作成ソフトなどを使って作成させるとよい。

2. ルールを確認する

 今から名刺交換ゲームをします。クラスの友達に自分の名前と好きなものを伝えたら名刺を交換しましょう。

> **うまくいくコツ**
> 活動に入る前にデモンストレーションを行い，ルールを理解しやすくする。

3. 実際に活動する

Hello.
My name is Yuki.
I like dogs. I like soccer.
Nice to meet you.

Oh, I see.
My name is Natsumi.
I like cats. I like swimming.
Nice to meet you.
Here you are. (名刺カードを渡す)

Thank you. Here you are. (名刺カードを渡す)

Here you are.

Thank you.

＼ プラスα ／

　自己紹介の内容については，既習の内容を取り入れるようにするとよいです。

　例：中学年…名前，好きなもの，嫌いなもの　など

　　　高学年…名前，好きなもの，嫌いなもの，得意なこと，

　　　　　　不得意なこと　など

どの文字があるかを聞いて予想しよう！
名前当てゲーム

| 時間 | 10分 | 準備物 | 特になし |

ねらい

誰のことかを予想しながら，名前にどのアルファベットが入っているのかを "Do you have 〜？" 等の表現を使って聞き合うことで，既習事項を思い出したり，友達の名前のスペルに関心をもったりする。

対象
中 学年
高 学年

1.活動の説明を聞く

今からクラスのある人の名前を当ててもらいます。みんなは，その名前が何文字か，どのアルファベットが入っているかを聞きながら誰のことかを考えてください。

2.ヒントをもらうために質問する

How many letters?

7 letters.（黒板に _ _ _ _ _ _ _ と書く）

Do you have "A"?

Yes, I do.（黒板に _ _ a _ a _ _ _ と書く）

Do you have "R" ?

 Sorry. No, I don't.

 Do you have "T" ?

 Yes, I do.（黒板に <u>T</u> <u>a</u> _ _ <u>a</u> _ _ _ _ と書く）

3. わかったら手をあげて答える

 あっ，わかった！（手をあげる）

 ○○さん，どうぞ。

 たかし（Takashi）くんです。

 正解です！

4. グループで活動する

 では，次にグループで出題役と，回答役に分かれて問題を出し合いましょう。１問ごとに役割を交代しましょう。

＼ ポイント ／

アルファベットの定着度に差がある場合には，２対２のチーム戦にすると，教え合いながら活動することができます。

誰のことを言っているのか考えながら聞こう！

Who am I クイズ ①

| 時間 | 10分 | 準備物 | ●白紙またはワークシート |

ねらい

誰のことかを予想しながら，クラスの中のある人物の好きなものや嫌いなものなどを聞いて，既習事項を思い出したり，友達のことに関心をもったりする。

対象

中学年

高学年

1. 好きなものや嫌いなものを書き出す

今から紙を配るので，自分の名前，好きなもの，嫌いなもの，できること，できないことなど5つ日本語で書きましょう。

> **うまくいくコツ**
> アンケート機能を使って，情報を集めると印刷したり，回収したりする手間がなくなる。

2. ルールを確認する

今から Who am I クイズをやります。誰のことを言っているか考えながら，よく聞きましょう。わかったら，手をあげましょう。

3. ゲームをする

じゃあまず，1人目から始めていきますよ。
Who am I?

I like soccer.
I don't like carrots.

はい。田中くんだと思います！

No. Let's listen to another hint.
I can play the piano well.
I like reading books.

うまくいくコツ
ヒントを出すときには，すぐに答えがわからないように，ヒントを出す順番を考えるとよい。

わかった，鈴木さんだ！

Yes, that's right.

やったー！

自己紹介をする

＼ ポイント ／

　このゲームは，参加している子どもたち一人ひとりが英語での自己紹介を聞いて理解するということが大切です。教師が話すときには，できるだけ子どもたちが英語を聞いて理解できるように意識することが非常に重要です。子どもたちのレベルによって，話し方も工夫しましょう。

（例）・何度か話す

　　　・普通のスピードで話した後に，スピードを調整して話す

　　　・ジェスチャーをつけながら話す

　　　・イラストなどを示したり描いたりしながら話す　など

たくさん友達の自己紹介を聞いてクイズに答えよう！

Who am Iクイズ ②

| ⏰ 時間 | 10分 | 📝 準備物 | ●自己紹介カード |

ねらい

自己紹介活動の後に，誰のことかを予想しながら，クラスの中のある人物の好きなものや嫌いなものなどを聞くことで，既習事項を思い出したり，友達のことに関心をもったりする。

対象

中 学年

高 学年

1. 自己紹介カードを作成する

今から紙を配るので，自分の名前，好きなもの，嫌いなもの，できること，できないことなど友達に英語で伝えたいことを書きましょう。

> **うまくいくコツ**
> 基本的には，既習事項を使いながら自分が英語で伝えられそうなことを書くようにするとよい。

2. ルールを確認する

友達と自己紹介をしてもらいます。最後にクイズを出しますから，できるだけたくさんの友達と自己紹介をしておくといいですね。

3. クラスの中の友達と自己紹介をしあう

Hello.

Hello.

 My name is Satoshi.
I like curry and rice. I like cats.

 Oh, I see. My name is Fuyuto.
I like Takoyaki. I don't like milk.
Nice to meet you.

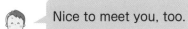 Nice to meet you, too.

4. 自己紹介カードを提出し，Who am Iクイズを行う

 I like curry and rice. I like cats. Who am I?

 さとしくん！

 That's right!

＼ ポイント ／

　この活動は，「Who am Iクイズ①」の前に自己紹介活動を入れたものになります。これにより自己紹介活動自体は積極的に行われやすくなります。しかし，伝え合う目的が完全に活動後のクイズに答えるためになってしまうと，自己紹介の活動自体が雑になってしまいます。あくまで「自分以外の人のことを知るのって楽しいよね」というコミュニケーション自体の楽しさにも気づかせたいところです。

誰のことを言っているのか考えながら質問しよう！
Who am I クイズ ③

 時間 10分

 準備物 ●ワークシート

ねらい

誰のことかを予想しながら，クラスの中のある人物の好きなものや嫌いなものなどを質問したり聞いたりすることで，既習事項を思い出したり，友達のことに関心をもったりする。

対象

中 学年

高 学年

1. 事前に子どもの好きなものや嫌いなものなどの情報を集める

 今から紙を配るので，自分の名前，好きなスポーツ，好きな教科，好きな食べ物，好きな動物，好きなキャラクターなど5つ日本語で書きましょう。

うまくいくコツ
ICT を活用してアンケート機能を使い，情報を集めると，印刷したり，回収したりする手間がなくなる。

2. ルールを確認する

 今から Who am I クイズをやります。誰のことを言っているか考えながら，質問しましょう.

3. ゲームをする

 Do you have any questions?

What sport do you like?

 I like volleyball.

 What food do you like?

 I like noodles.

 What animal do you like?

 I like dogs.

 Who am I?

 あおいさん！

 Yes, that's right!

＼ ポイント ／

「Who am I クイズ①」は聞くことを意識した活動でしたが，これは質問をするという活動が加わっています。質問をすることは難しいと感じる子もいるため，特定の子どもだけの活動になってしまう可能性もあります。そのため，例えば，「活動の前にどんな質問ができそうかクラスで考える」「1人1台端末を活用して子どもが困ったときに参照できる情報を載せておく」「グループ形態にして聞きたいことがあったときに相談しやすい環境にする」といった工夫をしておくとよいです。

嘘の情報がどれかを当てよう！

嘘はどれ？

 時間 **10分**

 準備物 ●メモ用ワークシート

ねらい

嘘の情報はどれかを予想しながら，クラスの中のある人物の好きなものや嫌いなものなどを聞くことで，相手のことをよく知ろうとする。

対象

中 学年

高 学年

1. 自分の自己紹介で話すことを考える

 「嘘はどれ？」というゲームをします。名前と好きなものや嫌いなものを全部で4つ話します。その中で1つだけ嘘の情報を入れましょう。やる前に，自分の自己紹介を考えてメモに書きましょう。

2. 実際にゲームをやってみる

 My name is Masashi.
I like soccer very much.
I don't like green peppers.
I like pizza.
I don't like spiders.
Which one is the lie?

 I like pizza.

> **うまくいくコツ**
> 聞いている子どもに伝わりやすくするために，スピードやジェスチャーなどを工夫して話をする。

No.

 I don't like green peppers.

 Yes, that's right. I like green peppers.

3. グループでやってみる

 それでは，今度は，グループで出題者と回答者を決めてやってみましょう。

I like apples.
I like soccer.
I don't like carrots.

I don't like
carrots.

＼ プラスα ／

慣れてきたら，嘘の情報を2つにしたり，自己紹介の数を増やすなどしてレベルを調整することができる。

先生の好きなものやできることを予想しよう！

インタビューBINGO ①

時間 10分

準備物 ●ビンゴカード

ねらい

先生や友達の好きなものを考えてインタビューしながらビンゴをすることで，好きなものを尋ねる言い方に慣れ親しんだり，その人のことをよく知ったりしようとする。

対象
中 学年
高 学年

1. 先生の好きなものを予想して書く

今日は，みんなに先生の好きなものを予想してもらいます。ワークシートに書かれているものから先生が好きそうだなと思うものを9つ選んで，ビンゴの枠に日本語で書きましょう。

えー難しいなあ。

先生はラーメンが好きと前に言っていたから，ラーメンは真ん中に入れよう。

> **うまくいくコツ**
> 選択肢が多すぎるとビンゴにならず，つまらなさを感じてしまう子もいるので，選択肢は12〜15個程度にしてその中から9つほどを選ばせるとよい。

2. 先生の好きなものを全体で質問する

では，先生の好きなものを聞いてみてください。

 What food do you like?

 I like carrots.

 えー，意外。入れてなかった。

 やった。入れてあったぞ。

3.ビンゴをいくつ達成できたかを確認する

 ビンゴがいくつできたか手をあげてね。
How many BINGOs? 1，2，3…

 はい！4つできたよ。
（子どもは自分が達成したビンゴの数のときに手をあげる）

 みんなよく先生のことを知ってくれていましたね。すごいです。
その中でも○○さんが一番先生のことをよく知ってくれていました。

\ プラスα /

　担任の先生以外にも，ALT の先生の好きなものや得意なことを予想したり，クラスの中で代表児童（その日の日直など）を決めてその子のことについて予想したりしてもよいです。

友達の好きなものやできることを予想しよう！

インタビューBINGO ②

 時間 　10分

 準備物 　●ビンゴカード

ねらい

友達の好きなものを考えてインタビューしながらビンゴをすることで，好きなこと等を尋ねる言い方に慣れ親しんだり，その人のことをよく知ったりしようとする。

対象
中 学年
高 学年

1. クラスの友達の好きな教科を予想して書く

今日は，みんなに友達の好きな教科を予想しながらインタビューしてもらいます。ワークシートに書かれているものから9つ選んで，ビンゴの枠に日本語で書きましょう。

みんなが好きそうな体育は真ん中に入れよう。

2. 友達の好きなことを質問する

では，インタビューしにいきましょう。同じ人にはインタビューできないので，できるだけたくさんの人にインタビューしにいきましょう。

What subject do you like?

I like P.E.

 Oh, I see.
（自分のビンゴカードに書いてあればそのマスに友達の名前を書く）

 What subject do you like?

 I like math.

 Thank you.

3.ビンゴをいくつ達成できたかを発表する

 ビンゴがいくつできたか手をあげてね。
How many BINGOs?　1，2，3…
（子どもは自分が達成したビンゴの数のときに手をあげる）

 What subject do you like?

 I like math.

＼ プラスα ／

What ○○ do you like? をまだ習っていない場合は，Do you like
〜? Yes, I do./ No, I don't. のやり取りでもよい

好きなものを質問し合おう！

自己紹介リレー

| 時間 | 10分 | 準備物 | 特になし |

お互いの好きなことを質問し合うことで，表現について慣れ親しむことができる。

対象

中
学年

高
学年

1. ルールを確認する

今日は「自己紹介リレー」をします。前から1番目の人は2番目の人に What ○○ do you like? で質問をします。2番目の人はそれに答え，3番目の人に質問をします。これを繰り返して，最後の人が最初に答え終わった列が勝ちです。

2. 実際にやってみる

それでは，実際にやってみましょう。Ready Go!

What fruits do you like?

I like bananas.
What sport do you like?

I like soccer.
What food do you like?

I like curry and rice.

・・・・・・

I like baseball. （言い終わったら座る）

3. 順位を確認して振り返る

The winner is team A!
Clap your hands. （拍手）

Ready Go!

What fruits do you like?

I like bananas.

＼ プラスα ／

列ごとのタイムトライアルもよいですが，学級全体で行い，タイムを
測ると学級の一体感が高まります。

相手のことを考えよう！

Find out 10 things

 時間 **10分**

 準備物 特になし

ねらい

友達に「心」を向けながら，自分の本当に聞きたいことを，英語で積極的に質問できるようにする。

対象
中
学年

高
学年

1. 活動のルールを理解する

 Let's play rock-paper-scissors in English with your partners.

勝った人は相手の好きなものやことを予想して，"Do you like 〜?" と質問しましょう。Do you like 〜の後は日本語でも構いません。負けた人は，友達の質問に，"Yes, I do." か "No, I don't." と答えましょう。

制限時間は１分間です。時間内に何回相手から "Yes" と答えてもらえるか，クラスで競争しましょう。目標は10個です！

Are you ready? Set, go!!

2. ペアでゲームを行う

 ええと，Do you like ice cream?

アイスクリーム？ Yes, I do!!

 よし！じゃあ，Do you like soccer?

 サッカーかぁ…。No, I don't.

 えぇ！？そうなの？　じゃあ…（以下，同様に質問が続く）

Do you like ~?

3. 結果を全体で共有する

 Time's up. Stop, please. 何回 "Yes" をゲットできましたか？ 5回以上の人，Raise your hand. Excellent!! では，10回以上の 人？ Awesome!!（…以下，続く）

 それでは，16回ゲットできた，Aさんが今回のチャンピオンです ね！相手の好きなことを，よく考えて質問できましたね！ Give her a big round of applause!!

＼ プラスα ／

"Can you 〜?" など，"Yes." "No." で答えられれば，別の英語表 現でも応用可能なアクティビティです。

友達と心を合わせよう！

シンクロナイズド・イングリッシュ

時間	10分	準備物	特になし

ねらい

友達に「心」を向けながら，何度も語彙や表現を発話することで，自然と英語を身につけるとともに，よりよい人間関係を育む。

対象
中学年
高学年

1.既習の英語表現や英単語を復習する

 Let's review the English phrases and words you've learned. Repeat after me.

 What color do you like? I like red.

 （子どもは教師の英語をリピートする）

2.ルールを理解して活動に取り組む

 では，まず3人組をつくります。1人は「質問役」，残り2人が「回答者」です。はじめは，質問役の人が「好きな色」を聞いてあげてください。残り2人は，答えがぴったり合うように，友達と声を合わせて一緒に回答してみましょう。ルールはわかりましたか？それでは，質問役の人，質問をお願いします！

What color do you like?

 I like … （同時に発話する）

 …red!! やった！同じだ！

 同じ色だったペアは，ハイタッチしましょう！

 イエ～イ！！（ハイタッチ）

 Awesome!! では2回戦，いきましょう！

> **うまくいくコツ**
> "I like …" までは背中を向き合わせて，振り向きざまに色を発話させると，より盛り上がる。

3. 活動の振り返りを行う

 ハイタッチが1回できたペア？2回？3回？4回？
…パーフェクト？
Excellent!! Let's give them a big round of applause!

 友達と「心」を合わせるって，難しいけれど楽しいですね。それでは「質問役」を交代して，同じように活動しましょう。

＼ プラスα ／

今回は "What color do you like?" を例にあげましたが，What 〜の後をスポーツや動物などにして，繰り返し活動するとさらに盛り上がります。もちろん "I like 〜." だけではなく，"I play 〜." や "I can 〜." など，様々な英語表現の復習に応用することができます。

友達と心を合わせよう！

いろいろイマジネーション

‥‥‥‥‥‥‥‥‥‥‥‥‥‥‥‥‥‥‥‥‥‥‥‥‥‥‥‥‥‥‥‥‥

時間	10分	準備物	特になし

ねらい

友達に「心」を向けながら，表現や単語を聞いたり発話したりすることで，自然と英語を身につけるとともに，よりよい人間関係を育む。

対象
中 学年

高 学年

1.ペアになって活動を行う

 まずは友達とペアを組みます。ペアができたら，先生に好きな色を英語で聞いてください。

 What color do you like?

 I like red.「赤」です。みなさんは，赤色からイメージするものを，ペアの友達と同時に言います。イメージしたものが友達と同じだったらハイタッチしましょう。日本語で構いません。例えば？

 梅干し！　トマト！

 Ogata sensei, what color do you like?

 I like blue.

「青」か…。せ〜の,空！！同じ！！イエ〜イ！！
※同じ手順で色を変えて，5回ほど繰り返す。

何回ハイタッチできましたか？1回？2回…パーフェクト？
Awesome!! Let's give them a big round of applause!!

2.ルールを変えて取り組む

I'm happy. What color do you like? みなさんは,「幸せ」から
イメージする色を, "I like 〜 ." とペアの友達と同時に英語で伝え
合いましょう。相手と同じだったら，ハイタッチしましょう。

I'm happy. What color do you like?

せ〜の, I like blue! あ, 違った！

どうして青なの？

「幸せの青い鳥」って言うから！

なるほどね！

ぴったり合わなくてもいいのです。友達との違いを楽しみましょう。

相づちを打つ

> **うまくいくコツ**
> 子ども同士で，どうしてその色をイメージしたか「理由」を交流させると，よりお互いの感じ方の違いを尊重し合うことができる。教師が "Why do you think so?" と全体の場で聞き取ってもよい。

```
＼ プラスα ／
```
"I'm sad." など他の気持ちや,「季節の色」でも応用できます。

毎日使おう！

「はい，どうぞ！ありがとう！」リレー

| 時間 | 5分 | 準備物 | ●プリント |

ねらい

プリント等を配る場面において，「Here you are.」「Thank you.」を使うことを通して，気持ちを伝える英語に慣れ親しむことができる。

対象
中 学年
高 学年

1. ルールを理解する

 今から「はい，どうぞ！ありがとう！」リレーをします。友達にプリントを渡すときには，「Here you are.」を使って渡します。友達からプリントを受け取ったら，「Thank you.」と伝えましょう。

2. 練習をする

 渡すときは，Here you are.

 Here you are.

 受け取ったときは，Thank you.

 Thank you.

うまくいくコツ
それぞれの場面のイラストカードを用意しておくと，場面をイメージしながら英語を伝えることができる。

渡すときは，友達の顔を見て Here you are.

Here you are.

受け取ったときは，友達の顔を見て，Thank you.

Thank you.

3. 列ごとにリレー形式でプリントを配る

では，今度は，列ごとに Here you are. と Thank you. を使ってプリント配りをしてみましょう。

Are you ready?

Yes!

3, 2, 1, Go!

Here you are.

> **うまくいくコツ**
> リレーゲームにすると，速く渡すことを意識しすぎてしまうため，子どもの実態に応じて，リレー形式にしたり，アイコンタクトを大切にすることを目的にしたり工夫する。

気持ちを伝える

＼ プラスα ／

3年生で How many? を学習するので，列の先頭の子どもに How many? と質問することで，数にも慣れ親しませながら練習することができます。

気持ちを伝える

どんな場面かな?
気持ちを想像しよう

時間 10分

準備物 ●場面カード

ねらい

状況場面から，人物がどんな気持ちかを想像させ，気持ちを伝える表現に慣れ親しむ。

対象

中
学年

高
学年

1. ルールを理解する

今から，みんなに How are you? と聞きながら，先生がカードを出します。どんな気持ちか，カードに書かれている場面を想像しながら，I'm を使って，気持ちを伝えましょう。

2. ゲームに取り組む

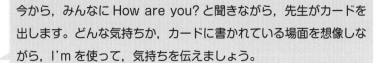

How are you?（午前の授業が終わったとき）
カードを1枚見せる。

・午前の授業が終わったとき（I'm hungry.）

・そろそろ寝る時間になったとき（I'm sleepy.）

・ゲームで勝って嬉しいとき（I'm happy.）

・健康観察で元気なとき（I'm fine.）

I'm hungry.

How are you? （応援しているスポーツチームが勝ったとき）

 I'm happy.

 How are you?
（リレーを走り終わったとき）

 I'm tired.

3. グループで状況や場面を考える

 では, 今度はグループで場面を考えながら, やってみましょう。

 お菓子の当たりが出たときは？

 I'm happy! だね！

 じゃあ, テストで100点を取ったときも同じだね。I'm happy!

気持ちを伝える

```
＼ プラスα ／
タブレット等を使用し, 様々な場面を子どもたちが設定できるように
工夫したり, グループで考えた内容を他のグループで共有させたりする
ことで, さらに状況や場面に応じた気持ちの伝え方を引き出すことがで
きます。
```

相手のステキをほめよう！
はじめてリアクション

時間 **10分**

準備物 ●タブレット

友達との Small Talk の中で，互いにほめたり，反応したり，気持ちを伝え合ったりすることで即興的なやり取りへつなげる。

対象
中
学年

高
学年

1. Small Talkのテーマを理解する

今日の Small Talk は「自己紹介」です。状況や場面設定は，外国に行き，はじめて会う外国人と「自己紹介」のやり取り場面です。今までに学習した内容を生かしながら，相手に反応したり，気持ちを伝え合ったりしましょう。

2. 気持ちを伝える表現を練習する

ほめるときは？

Nice! Great! Good!

Sounds をつけて，違う言い方もできたね！

Sounds good! Sounds great! Sounds nice!

自分も同じ考えだったときは？

Me, too!

3．ペアで自己紹介をする

では，自分のことをよく知ってもらうために，自己紹介をしながら，相手をほめたり，反応したり，気持ちを伝え合ってみましょう。

Hello! I'm ○○ . I'm from Japan.
I like soccer. Do you like soccer?

気持ちを伝える

Yes!

> 【うまくいくコツ】
> 既習表現を引き出しながら，子どもたちの伝えたい思いを大切にする。実態に応じて，タブレット等も活用するとよい。

Nice! My hero is ○○ （選手）.
Who is your hero?

My hero is ○○ .

Sounds great!

＼ プラスα ／

　タブレットを使用することで，伝えたいことや質問などについて，視覚的効果を高めながら，子どもたちの能動的な姿を引き出すことができます。

今,どんな気持ち?

気持ちドンじゃんけん

 時間 **5分**

 準備物 ●気持ちカード

ねらい

机に気持ちカードを一列に並べ,ペアで「ドンじゃんけん」をしながら,気持ちの言い方に慣れ親しむ。

対象
中
学年

高
学年

1.ルールを理解する

今日は,この気持ちを伝えるカードを使って,「ドンじゃんけん」をします。
まずは,カードを切り取ります。
(文部科学省,小学校外国語活動教材「Let's Try! 1 Unit 2 How are you? 指導者用デジタルブック」から気持ちカードを画用紙に印刷し,1人1セット配付)

友達の机と自分の机を合わせて,カードを好きな順番に並べます。3,2,1,Go! のかけ声でスタートします。それぞれ自分のスタート位置からスタートし,カードに描かれているイラストの気持ちをI'm fine. や I'm sleepy. と1つずつ伝えます。

友達と同じカードになったところで,Rock-paper-scissors, 1 2 3! とじゃんけんをします。

じゃんけんに勝ったら，友達の陣地まで進みます。負けたら，自分のスタート位置に戻ります。

2. 気持ちの言い方とじゃんけんの言い方を練習する

では，練習しましょう。
（「Let's Try1 Unit2」How are you?
のカードを使って，気持ちを復習する）

うまくいくコツ
教師用カードを見せながら，何度も英語の言い方に慣れ親しませる。

Rock-paper-scissors, 1 2 3!

3. 「ドンじゃんけん」をする

では，ペアで「ドンじゃんけん」をしてみましょう。

I'm fine. I'm sleepy. I'm good. …
Rock-paper-scissors, 1 2 3!

やったー！勝った！I'm great. I'm sad. …
（ゴールを目指す）

＼ ポイント ／

　途中で，英語の言い方がわからなくなった場合「Stop!」と声をかけて，友達に教えてもらったり，教師が指導したりしながら，慣れ親しませるのがポイントです。

気持ちを伝える

表情やジェスチャーで伝えよう!

感情ジェスチャーゲーム

時間	5分	
準備物	特になし	

ねらい

表情やジェスチャーについて考え，どんなことを表しているかを知り，気持ちを伝える表現に慣れ親しむ。

対象

中 学年

高 学年

1. ルールを理解する

 さて，先生はどんな気持ちでしょう？
（お腹が空いたジェスチャーだけで考えさせる）

 お腹が減っている？

 That's right! お腹が減っている様子をジェスチャーにしました。
今日は，ジェスチャーゲームをして，どんな気持ちを表しているかを考えましょう。

2. ジェスチャーの意味を考える

 では，どんな気持ちを表しているかを考えてみましょう。
① Good!
② I don't know.

③ Me?
④ Good idea!
⑤ Come here.
⑥ Give me five.

うまくいくコツ

日本と外国のジェスチャーの違いに目を向けさせ，それぞれの文化や習慣の違いについても考えさせる（Come Here. の指先の向きの違いなど）。

3. グループでジェスチャーゲームをする

 それでは，今度はグループでどんなジェスチャーをしているかを考えてみましょう。

 （「なるほど！いいアイデア」のジェスチャーをする）

Good idea!

Good idea!

気持ちを伝える

＼ ポイント ／

　子どもたちの実態に応じて，ペアやグループ活動にすることで，より主体的にジェスチャーをしながら，気持ちや思いを表現し，伝え合う活動につながります。さらに，タブレットを使って，ジェスチャークイズの様子を動画撮影し合うことで，クラス全体で共有することもできます。

同じ表現でも言い方を変えると？

気持ちを込めて言ってみよう

⏱ 時間　**10分**　　📝 準備物　特になし

ねらい

場面や状況の中で，同じ英語表現を使っても，その言い方で相手に与える印象が変わることに気づく。

対象

中 学年

高 学年

1. ルールを理解する

 今から，「気持ちを込めて言ってみようゲーム」をします。みんなはお友達との待ち合わせに遅れたときに，英語でどんな言葉を使いますか？

 「ごめんね」だから「Sorry.」だね。

 「Sorry.」と言われたら，何て言い返せばいいかな。

 「OK.」でいいんじゃないかな。

 Very good. それでは，先生とALTの先生で実際にやってみますね。2つの言い方でやってみます。

 Sorry!

OK!

 同じ「Sorry.」でも，言い方を
変えると印象が変わるね。

2. ペアでロールプレイをする

 では，実際にペアで役割を決めて言い方を変えて２回やってみましょう。終わったら，役割を変えて同じようにやってみます。

3. 学級全体で感じたことを共有する

 言い方を変えて言えていましたね。同じ英語表現ですが，言い方を
変えると，感じ方も違いましたか？

 全然違ったよ！

＼ プラスα ／

余裕があれば，「Sorry.」や「OK.」以外の「I'm sorry.」「No
problem.」「It's OK.」などの表現も取り上げて使わせたいですね。

情報を伝える

情報を伝える

ヒントを聞いて別のものを選ぼう！

みんなでバラバラゲーム

🕐 **時間** 10分　　✏️ **準備物**　●絵辞書　●タブレット

ねらい

　テーマに合った単語を考えて，その単語の特徴を表す単語を発話したり，聞き取ったりすることで，単語に関連する概念を豊かにする。

対象

中
学年

高
学年

1. ルールを理解する

> グループになって「みんなでバラバラゲーム」をやります。テーマは「食べ物」です。絵辞書の中からテーマに合う単語を1つ考えましょう。その単語の特徴を表す単語を，ヒントとして1人ずつ順番に言いましょう。友達のヒントを聞いて，同じものだと思ったら，違う単語に変えましょう。最後に自分が考えたものをタブレットのメモアプリに書きます。4人とも違うものを書いていたら成功です。

2. 教師とボランティア3人で手本を見せる

Please tell us your hint.

It'bread.

It'rice.

うまくいくコツ

学級全員でやるときには，全員に単語とともに，ヒントも一緒に考えさせる。その後，代表児童を3名選んで，教師とともに教室前方で手本を見せる。

It's a vegetable.

 It's meat. Please write a word on your tablet.

 Please show us your word.

 みんな違う英語だ！　やった成功だ。

 That's great. You did it!
よくできました。

3. グループでみんなでバラバラゲームをやってみる

情報を伝える

 では，今度はグループでやってみましょう。順番にヒントを出して，自分が考えた単語をタブレットに書いて，最後に見せ合いましょう。

> **うまくいくコツ**
> ヒントの発音がわからない場合は，教師に教えてもらってよいと伝えておく。

 何の単語にしようかなぁ…。

ヒントは何がいいんだろう。

＼ プラスα ／

　グループ全員の答えをバラバラにするのではなく，全員が同じ答えにするバージョンもあります。ヒントが難しいので，机間指導で教師が援助するようにしましょう。

単語を並び替えて文をつくろう！

文づくりゲーム

| 時間 | 10分 | 準備物 | ●カード
●画用紙 |

ねらい

単語を組み合わせて文づくりをすることを通して，語順を意識したり，読む力の素地を養ったりする。

対象

中 学年

高 学年

1. ルールを理解する

今から「文づくりゲーム」をやります。これまでに学習した can を使った３語の文をつくります。人物を表すカード・can のカード・動作を表すカードの３つを別々につくります。グループで集まってカードを裏返し，バラバラに置きます。１人ずつ順番に３つのカードを表にします。３つのカードの意味が通れば，そのカードをもらえます。最後に最もカードを多く持っている人がチャンピオンです。

2. 教師とボランティア３人の手本を見る

Put all cards face down. Do Janken!
Rock-paper-scissors, 1 2 3！
The winner takes 3 cards.

> **うまくいくコツ**
> 正しい例文を全員で確認した後に，黒板に裏返してバラバラに貼り付けてゲームを行う。

My turn. 変な英語の文になっちゃったよ。 | skate | can | He |

My turn. さっきのカードの順番を変えればできそうだよ。あっ！違う順番でめくっちゃった。 He can skate にしようと思ったのに， Can He skate になっちゃった。ダメだ。

ちょっと待って，can で聞くときは，これでいいよね？

そうだね。いいね。That's good!
You can take it! Who's next?

> **うまくいくコツ**
> 教科書や絵辞書を活用して単語を書き写させる。合っているかどうかをグループの友達同士で確認させるとよい。

OK. My turn.

3. グループで文づくりゲームをやってみる

では，先生とみんなでやった文づくりゲームを今度はグループでやってみましょう。まずは，ゲームで使うカードをつくりましょう。

> **うまくいくコツ**
> 人物を表すカードのはじめの文字は，大文字で書かせるが，ゲームの中では疑問文も可とする。文末には「.」や「?」がつくことも確認したい。

人物を表すカードは自分の名前にしよう。

自分が得意なことをカードに書きたいな。

＼ プラスα ／

学級の実態に合わせて，グループ全員で協力して文づくりをするというゴール設定にしても楽しいです。苦手な子も安心して取り組めます。

情報を伝える

友達と協力してお話をつなげよう！
リレーお話づくり

| ⏰ 時間 | 10分 | 📝 準備物 | 特になし |

ねらい

テーマに合わせて１人一文ずつお話をつなげて，１つのお話をつくる活動を通して，話の流れに合った英語表現を考えることができる。

対象

中
学年

高
学年

1. ルールを理解する

今から「リレーお話づくり」をします。４人グループでお話づくりをしてください。ただし，始めと終わりの文は決まっています。途中の文は自分で自由に考えてください。

始めの文は，「Today is the music day.」です。

終わりの文は，「I enjoy the music day.」です。

始めの文と，終わりの文は，同じ人が言います。

残りの３人は，間の文を考えて言ってください。

2. 教師とボランティア３人の手本を見る

代表の３人と先生で，手本を見せます。
Let's start! Today is the music day.

I am nervous.

うまくいくコツ
文づくりは実態に応じて，現在形で話してよいことにする。

I play the recorder.

 I sing a song.

 I enjoy the music day. That's good!
1つのお話になりましたね！

3.グループで文づくりゲームをやってみる

 では，リレーお話づくりを，今度はグループでやってみましょう。始めと終わりの文を言う人は，じゃんけんで決めて，その人から時計回りでリレーお話づくりをしましょう。

 私はピアノを弾くって言いたい。

 ちゃんと１つのお話になったよ。

> **うまくいくコツ**
> 始めと終わりの文は板書しておく。絵辞書を手がかりにして，事前に話すことを考える時間をとってもよい。

4.代表のグループが発表する

 リレーお話づくりができたグループは発表してください。

 ぼくたちが発表したい！

＼ プラスα ／

学級の実態に合わせて，最後の文を「I was sad.」などとすると，否定表現などを使う必要が出てきて，盛り上がります。

気持ちを込めてセリフを読もう！

ペープサート英語劇

時間	10分

準備物　●ペープサート

ねらい

　2年生の国語科で学習した「お手紙」の名場面のセリフを英語で発話することを通して，感情を込めて発話することの大切さに気づく。

対象
中
学年

高
学年

1. ルールを理解する

「お手紙」の名場面のペープサート英語劇をします。最後の場面のセリフを英語で言います。がまくんとかえるくんの気持ちを込めて英語で言いましょう。
■セリフ（黒板に掲示して，子どもにも配付する）
かえるくん：Dear Toad, I am happy that you are my best friend. Your best friend, Frog.
がまくん：That's a very good letter.

さっきより上手に読めるようにがんばろう！

2. 「お手紙」のあらすじを確認する

「お手紙」では最後の場面で，家の前でかえるくんががまくんに出した手紙を2人で待ちます。

あまり長く待たせてしまっていたので，かえるくんは，がまくんに手紙の内容を伝えてしまいます。「親愛なるがまがえるくん。ぼくは君がぼくの友達であることを嬉しく思います。君の親友かえる」という内容です。それを聞いたがまくんは「ああ。なんていいお手紙なんだ」と言います。このセリフを，心を込めて英語で言いましょう。

3. セリフを言う練習をする

先生に続いてセリフを言いましょう。

何回も読みたいな。

4. ペアで役割を決めて，セリフを言う

隣同士で役割を決めて，心を込めてセリフを言いましょう。1回言ったら，役割を交代します。上手にできるまで何回もやりましょう。

さっきより上手に読めるようにがんばろう！

5. ペープサートを使って代表の子どもが発表する

＼ プラスα ／

学級の実態に合わせて，日本語でのセリフに合わせて，英語のセリフを考えさせてもよいでしょう。

情報を伝える

決められた時間内でチャレンジしよう！
どれだけ質問できるかな？

 時間 10分

 準備物
●タブレット
●絵辞書

ねらい

決められた時間内にできるだけたくさん質問することで，発話の流暢性を高める。

対象

中 学年

高 学年

1.ルールを理解する

今から「どれだけ質問できるかな」をします。3人組をつくって，「質問する人」「答える人」「記録する人」の役割を決めます。時間は3分間を3回やります。

質問する人は，答える人にたくさん質問をしましょう。
答える人は，質問する人の質問にたくさん答えましょう。記録する人は，質問と答えの回数を数えてタブレットに記録しておきます。
終わった後に，質問する人と答える人のよかったところやアドバイスを伝えます。3分経ったら，役割を変えてあと2回やります。

2.先生と2人の代表児童の手本を見る

では，代表のお友達と先生で手本を見せます。Let's start!
What food do you like?

I like pizza.

 Do you like ramen?

 Yes, I do.（質問と回答を続ける）

 （時間になったら，記録者に）質問と答えを何回できましたか？

 それぞれ5回ずつできていたよ。すごいね。好きなものを聞いていたから，嫌いなものを聞くのもいいかもしれないよ。

3. 3人組でやってみる

 次は，自分たちでやってみましょう。Ready go!

＼ プラスα ／

教室では，3人組よりも4人組の方がつくりやすいです。ペア同士で4人組になり，ペア同士の対話を順番で見合うやり方もできます。

Google ストリートビューで案内し合おう！
安全なルートを探せ

| 時間 | 10分 | 準備物 | ●タブレット |

ねらい

安全に避難するルートを周囲の危険を考慮しながら友達と話し合って探す活動を通して、実社会の中で英語表現を活用できるようにする。

対象
中 学年
高 学年

1. やり方を理解して活動に取り組む

 今から道案内で学習した表現を使って、もしも地震が起こったときに、学校から自宅までにどの道を通って帰ったらよいかをペアで話し合いましょう。

 おもしろそう。やってみたいな。道案内の表現を使えば話せそうだよ。

 まず小学校から中学校まで行ってみよう。We are here. Let's go. Go straight. (Street view の画面を動かす。交差点に差しかかったら児童に問う) Which way?

右の道は狭くて危ないから、Turn left!

> **うまくいくコツ**
> 道案内に関する表現を学習した後に、発展的に取り扱うとよい。

> **うまくいくコツ**
> Google マップでストリートビューと通常の地図を2画面表示すると、ストリートビューの動きに合わせて通常の地図の現在位置が移動する。2つの地図を見ながら出発地から目的地までを安全に移動するルートを考えさせる。

OK. The right way is dangerous.
The left way is safe! Turn left
and go straight for 1 block.
（また次の交差点で）Which way?

左に古い建物があって危険だなあ。Turn right. Go straight!

OK. It's too old.go straight for 1 block.We can get there!

We can see it on your right. 安全に着いたね！

2. 児童同士のペアで避難ルートを話し合う

Let's talk about safty way.
Are you ready? Let's start!

安全に気をつけて道を選ばないとね！We are here. Go ….

＼ プラスα ／

地域の実態に合わせて，地震以外でも風水害などから安全に避難する
ルートや，自宅から最も近い避難場所に行くルートを考えさせてもよい
でしょう。地域の外国人や ALT に避難ルートを教えるというゴール設
定にしてもよいですね。

誰の名言か考えよう！
名言クイズ

時間	10分
準備物	●タブレット

ねらい

世界の偉人が残した名言を知ることを通して，英語や海外にさらに興味をもったり，自分の人生を豊かにしようとしたりすることができる。

対象
中
学年

高
学年

1. 名言を紹介する

今日は，みなさんに英語での名言を紹介します。

（黒板にまずは日本語訳を板書し，次に英語で名言を板書する）

名言の例

「もし，あなたが夢を見ることができれば，あなたはそれを実現できる」

 If you can dream it, you can do it.

 Repeat after me. If you can ～.

 かっこいいね。英語も聞いたことがある単語ばかりだね。

> うまくいくコツ
> 名言を板書するときは，いきなり英文を板書するよりも，日本語訳を先に板書した方が，苦手な子も安心して興味をもてる。

2. 誰の名言なのかを考える

これは誰の名言でしょうか？ Who said this famous quote?

 えー。誰が言ったのかな。Dream って言っているから，きっと，夢を叶えた人だよね。いっぱいいそうだな。

 夢を叶えて，夢の国を世界中につくった人です。

 わかった！ウォルト・ディズニーだ！

 That's right. 正解です！

3. 名言を集める

 タブレットを使って，英語の名言を自分で探して，グループで紹介し合いましょう。

 英語の名言いっぱいあるよ。日本語でも書いてあるから，わかりそうだよ。

うまくいくコツ

名言探しは，ペアで行うとよい。英語を読むことに苦手意識がある子でも安心して取り組める。

4. 学級全員に紹介する

 学級のみんなにあなたが見つけた名言を紹介してください。

\ ポイント /

名言は，既習の英語表現以外が使われていてもよいです。さらに英語表現に興味をもったり，知識を増やしたりするきっかけになります。

情報を伝える

相手の気持ちになって表現を選ぼう！

こんなとき, どうする？

時間	10分	準備物	特になし

ねらい

場面や状況の中で, 相手の気持ちを考えて英語表現を選ぶことを通して, 同じ意味でも表現の仕方で相手に与える印象が変わることに気づく。

対象

中
学年

高
学年

1. 状況を理解して, 相応しい表現を考える

今から, 「こんなとき, どうする？」をします。もし, 3歳くらいの外国人の子どもがあなたのノートに勝手に落書きをしていたら, あなたは英語でなんと言いますか？
What do you say in this situation?

落書きをまずはやめてほしいから「No!」って言うかな。

「Stop!」って言ったらやめるかも。

それなら, 違うノートに書いてねって意味で, ノートを渡しながら「Here you are!」って言ってもいいかも。

同じ状況でもいろんな言い方があるんだね。

2. ペアでロールプレイをする

 では，実際にペアで役割を決めてロールプレイをしてみましょう。終わったら，役割を変えて同じようにやってみます。

 ぼくは，「It's OK.」って言ってみたよ。

3. 学級全体で感じたことを共有する

 言い方を変えて言えていましたね。伝えたいことは同じでも，いろいろな英語表現を使えそうですね。

 表現の違いで，与える印象が変わりそうだよ。

 これから，場面や状況に合わせて言葉を選んでみてくださいね。

Here you are!

＼ プラスα ／

ロールプレイの場面は，例示した以外に日常生活で馴染みのある場面に置き換えて考えてみるのもよいですね。

前置詞を使って本物を探そう！

本物を探せ

時間	10分	準備物	●キャラクターのカード ●大きめの箱

ねらい

前置詞を使ってキャラクターを探す活動をすることで，前置詞の使い方に気づく。

対象
中学年
高学年

1.ルールを理解する

今から「本物を探せゲーム」をします。箱の周りや中にキャラクターの絵が描かれた5つのカードを入れます。そのカードの中に1つだけ本物のキャラクターのカードがありますが，それ以外の4つのカードはニセモノのキャラクターが描いてあります。本物を当ててくださいね。

2.カードがどこにあるかを当てる

Where is ○○？（○○はキャラクターの名前）It's on the box. It's in the box. It's ….
(in, on, under, by などを取り上げる)

どこに本物のカードがあるのかな？

うまくいくコツ
表現に慣れるまでは，黒板に状況のイラストと使用する英語表現を書いておくと，子どもも安心して活動できる。

3. 学級全員でやってみる

 Let's start! Where is ○○?

 It's under the box. うわ！ニセモノだった。

 Who's next! Where is ○○?

 It's on the box. やった！本物だ。

 Congratulations! You did it!

うまくいくコツ

1つ目から正解のカードを引いてしまう可能性がある。その場合は、すぐに2回目をしてもよいし、複数のキャラクターを用意しておいて、得点差をつけてもよい。

Where is ～?

It's under the box!

＼ プラスα ／

「サザエさん」の家族のように、複数のキャラクターのカードを用意して、キャラクターごとに得点差をつけるやり方もできます。また、グループごとに小さな箱とキャラクターのカードを用意しておくと、グループごとにあそぶこともできます。

ひと言添えて，笑顔を増やそう！

「すてき！」を探してI like your 〜.

時間	5分	準備物	特になし

ねらい

あいさつにひと言添えて短いやり取りをすることを通して，学級の温かい雰囲気をつくり，外国語を使おうとする構えをつくる。

対象
中 学年
高 学年

1. 普段と少し違うあいさつのやり取りを知る

Now, let's say "Hello." to your friends. 今日はこんな風にしてみませんか？

2. デモンストレーションをして活動を理解する

Hello! How are you today?

I'm good. Thank you.
How are you?

I'm great. Thank you!
Oh, I like your T-shirt. Nice color!

Thank you! I like your skirt.

うまくいくコツ

日本語でやり方を説明するより，実際に2人くらいの子どもとやり取りをして見せた方が，子どもにとって活動を理解することができ，スムーズに始めることができる。

Thank you. I like it too!

 (握手や High five など)

うまくいくコツ
相手の子どもがどのように言えば
いいかわからないときには，モデ
ルを示して「繰り返してごらん」
と促すと安心して発話できる。

3. 実際に子ども同士でやってみる

 Okay, now let's say hello to your five friends!

 Hello! How are you?

 Hi, I'm good! I like your hairstyle.

 Thank you! I like your smile!

 Thank you!

 (握手やハイファイブをする)

うまくいくコツ
やり取りの様子を
写真に撮り，大型
テレビなどで活動
後に共有すると，
すてきな笑顔や自
然なジェスチャー
を学級で共有し，
よさを個々の活動
に生かせるように
なる。

意見を言う

＼ プラスα ／

ALT や外国語専科の先生も，廊下で子どもと会ったときなどにこの
ようなやり取りをすると，使用場面が広がり自然なやり取りができるよ
うになります。

注目する雰囲気をつくろう！
How many fingers?

🕐 **時間** 5分　　📝 **準備物** 特になし

ねらい

教師の指が何本立っているかを当てるゲームを英語で行い，学級全体で1つのことに注目する雰囲気をつくる。

対象

中 学年

高 学年

1. 実際にゲームをしながらルールを理解する

 Hi, everyone! Let's do a mini quiz.（教師は右腕を上に伸ばし，指を2本立てる）How many fingers?

 Two! It's two.

OK, it's two. Then next, how many?（このとき，右腕を上に伸ばし，指を1本立てる。同時に左手は気をつけの状態で指を2本立てる）

 It's one! One.

 Oh, sorry. It's three.

> **うまくいくコツ**
> 実態に応じて，"It's ～." の表現に親しませたいときは，教師も "It's ～." を意識的に使うようにする。

> **うまくいくコツ**
> 教師の左手の指に気づく子どもが出てくるが，アイコンタクトやウィンクをして「どうしてそうなるかはひみつだよ」と伝えておく。

え, どうして!?

2. 指の本数が変わる理由は説明せず, もう一度取り組む

 How many fingers?

 It's three!

 That's right.

3. グループでゲームをやってみる

 では, 今先生とみんなでやったゲームを今度は班でやってみましょう。1人が問題を出題して, 残りの人たちは答えてみましょう。

うまくいくコツ
問題を出す人は立った方が, 下に伸ばした手に気づかれにくいので楽しく活動できる。

 How many fingers? (問題を出す人は立つ)

 Two? Three?

＼ ポイント ／

ゲームを長く行うよりは, 状況に応じて子どもの注目が集まったらメインの活動に移るなど, メリハリをつける方が長く楽しめると思います。

友達はどんな考えをもっているかな？

行ってみたい国バスケット

時間	**10分**	準備物 特になし

ねらい

なんでもバスケットの要領で自分の行ってみたい国やその理由を言う活動を通して，I want to go to ～ . 等の表現に慣れ親しむ。

対象

中 学年

高 学年

1. ルールを理解する

 Let's play a game. Do you know なんでもバスケット？
Let's play 行ってみたい国バスケット！まずいすだけで一重の円をつくりましょう。先生はこの真ん中に立ちます。

2. 実際にやってみる

 Please say
"Where do you want to go?"

 （みんなで）Where do you want to go?

 I want to go to France. 同じように
フランスに行ってみたい人は動こう！

> **うまくいくコツ**
> 実際の動きを一度やって見せると，子どもは理解しやすくなる。子どもに英語で挑戦してほしいところは，英語で表現してみせたり，促したりすることで，どのように活動するかイメージできる。

なるほど，そういうことね！（教師と同じ考えの人だけ移動する）

 Great! やり方をよく聞いていたね。
わかったかな？

うまくいくコツ
教科書や絵辞書の〇ページから出したり，フルーツやスポーツといったジャンルを指定したりするなど，範囲を指定して問題を出すとよい。

 Yes! やってみよう！

3. ゲームの続きを子ども主体で行う

 OK! では，続きをやっていきましょう。

（中央に立っている子に向けてみんなで）
Where do you want to go?

うまくいくコツ
班の中を2グループに分けてチーム戦で行うと，1人だと表現するのが苦手な子も参加ができるようになる。

意見を言う

 I want to go to Brazil!

 あ，私と同じだ！動かなくちゃ。

＼ プラスα ／

様々な英語での質問と答えの表現で応用可能です。例えば，中学年では What color do you like?/ I like blue. 等。友達と一緒に繰り返し質問したり，自分の思いや考えと比べながら友達の答えることを聞くので，思考を働かせながら楽しく活動し，実際の言語活動に生かすことができます。

ほしいものを伝えよう！
カルタでコミュニケーション

 時間 　10分　　 準備物　●絵カード

ねらい

　カルタ形式でゲームをしながら，単元で扱うフレーズを活用することで，コミュニケーションを楽しむことができる。

対象

中
学年

高
学年

1.ルールを理解する

Let's play *karuta* game! 今日はカルタで，やり取りをしてみますよ。まず，4人の班をつくりましょう。そして，1人だけ立ちます。座っている3人は，立っている人がどんな野菜や果物がほしいか尋ねてみましょう。どんな風に尋ねるのでしたか。

2.実際にやりながら活動を理解する

では，実際にやってみましょう（フルーツの絵カードを配る）。
フルーツが乗ったかき氷をつくる場面を考えてみましょう。
まずはじめは，座っている3人から尋ねますよ。
"What fruit do you want?"

（一緒に）What fruit do you want?

うまくいくコツ
はじめは子どもと一緒に教師も英語表現をはっきり言う。

立っている人はフルーツかき氷をつくるとき，自分が本当にほしいなと思うものを考えて答えてみましょう。

うまくいくコツ
Nice! 等，活動を理解し，取り組もうとする姿勢を認める言葉をかけると子どもが安心する。

 I want a peach.

 ("peach" のカードを取り，立っている人に渡す) Here you are.

3. 子どもだけでやってみる

 よし！次はぼくの番だね！

うまくいくコツ
各グループを回りながら，既習表現を使おうとする姿をほめる。また，英語表現や活動方法について迷っている姿も認め，全体で短く確認して再挑戦できるようにする。

 What fruit do you want?

I want a pineapple.・・・

意見を言う

＼ プラスα ／

自分の思いや考えを尋ねたり答えたりする様々なやり取りで応用できます。単元や子どもの実態に応じて，アレンジしてみましょう。

理由まで2択で聞いてみよう！

あなたはどっち？

| ⏱ 時間 | 7分 | 📝 準備物 | 特になし |

ねらい

質問に対して学級で2グループに分かれながら，互いの考えや理由を聞き合う活動を通して単元の内容にスムーズに入ることができる。

対象
中 学年
高 学年

1. ルールを理解する

これからみなさんにこのように尋ねます。
"Which do you like, curry or ramen?"（教室の右側を示しながら）Curry people move to here.（教室の左側を示しながら）Ramen people move to this side.

2. 教師の質問を聞いて，実際に動いてみる

Which do you like, the sea (side) or the mountain (side) ?

ぼくは mountain が好きだな。

All right. 一緒に言ってみましょう。

> **うまくいくコツ**
> はじめはシンプルな英語を用いながら，子どもの考えが分かれると予想されるお題であそんでみると，子どもも活動のイメージを捉えやすくなる。

I like the mountain (side).

 I like the sea (side).

3. 2つの選択肢を子どものアイデアから設定して行う

 Now, do you have any good ideas?
友達に質問してみたい，2つのものはありますか？

 おにごっことドッジボールはどうかな？

 いいね！聞いてみたい。

 OK! 一緒に言えそうな人は言ってみましょう。
Which do you like, おにごっこ or ドッジボール？

 ぼくはドッジボール が好きだから
こっちに動こう！

 私はおにごっこ派だよ！
みんなはどうかな。

＼ プラスα ／

学習の段階によっては，(Because) I like ～ ./ I can ～ . などの表現を用いて，理由を伝えることにも挑戦できると思います。

意見を言う

○○さんにみんなで聞いてみよう！

できるかな？テーマ別質問

🕐 時間 **10分**

✏️ 準備物 ●スライド

ねらい

指定された友達とテーマを確認し，みんなで質問することを通して，友達の好きなことを知るとともに，新たな使用表現に慣れ親しむ。

対象 **中**学年 **高**学年

1. ルールを理解する

 今日から新しく学ぶ英語表現で質問します。答えられる人は挙手をして答えてください。

2. 指名された子どもが答える

 I like tennis.
What sports do you like?

好きなスポーツかな？ I like basketball.

 Good! I like pizza.
What food do you like?

次は，好きな食べ物かな？ I like sushi.

うまくいくコツ

What ○○ do you like? の単元の導入である。スポーツや食べ物などの各テーマの質問について，できるだけ多くの子を指名して答えさせるようにする。

3.「質問する友達」と「テーマ」を指定し, みんなで質問する

 Look at the slide.

 「Aさん」に「飲み物」を質問する?

 どう質問したらいいかな?

 飲み物はドリンク?

 英語でどう質問したらいい?

 What drink do you like?

 That's right!
それでは, みんなでAさんに尋ねてみよう。

 Aさん! What drink do you like?

質問をする

\ ポイント /

　いきなり子ども同士で, What ○○ do you like? のやり取りをさせ
ることは難しいので, まずは教師と子どもとのやり取りを何度か行うと
よいでしょう。

　スライドで「質問する友達」と「テーマ」を示したやり取りを何度も
行った後は, What ○○ do you like? を用いて, ペアで自由なテーマ
でやり取りをさせるとよいでしょう。

どのカードが何かをよく覚えて答えよう！

メモリーゲーム

 時間 **10分**　 準備物　●絵カード

ねらい

　複数の絵カードの言い方を確認し，そのすべての絵カードを裏返し，絵カードを移動させて入れ替え，どの絵カードが何かを当てる活動を通して，Q: What's this?　A: It's a 〜 . のやり取りに慣れ親しむ。

対象

中 学年

高 学年

1.ルールを理解する

今から「メモリーゲーム」をやります。まずは黒板の5枚の絵カードを覚えてください。覚えましたか？それでは，裏返して移動させます。さあ，どのカードが何の絵カードでしょうか？当てましょう。

2.教師が指定した絵カードが何か答える

 What's this?

 えっと，なんだっけ？

 What's this?

 It's a dog?

うまくいくコツ
提示する絵カードを3枚からスタートし，次第に5枚，7枚と増やしていくことで，スモールステップで楽しむことができる。

That's right.
では，これは？
What's this?

えっと… It's a dolphin.

Nice!
それでは，これは？ What's this?

It's a tiger.

Excellent!

> **うまくいくコツ**
> あきらかに絵カードが何かを覚えていない状況であれば，It is a fish. のようにヒントを与えてもよい。

3. グループでメモリーゲームをやってみる

では，今先生とみんなでやった
メモリーゲームを今度はグループでやってみましょう。
1人が問題を出題して，残りの人たちは答えましょう。

楽しみだぁ！

> **うまくいくコツ**
> 子ども用の小さな絵カードを用いて行ってもよいが，タブレットを用いてできるならば，その方が効率的。

＼ ポイント ／

What's this? の質問に対し，Dog! とつい単語だけで答えてしまいます。きちんと It's a 〜. と答えさせるようにしましょう。

唇の動きを見て何のことかを当てよう！

リップリーディング

時間	10分	準備物　特になし

ねらい

What do you want? の質問に無声音で答え，その唇の動きを見て，何がほしいかを当てるゲームを通して，語彙や表現に慣れ親しむ。

対象
中
学年

高
学年

1. ルールを理解する

 今から「リップリーディングゲーム」をやります。まずは先生が伝えていることを当ててもらいます。みなさんが先生に What do you want? と尋ねます。先生は声を出さずに答えるので，唇の動きを見て，先生は何がほしいと伝えているかを当ててください。

2. ほしいものを質問して答えを読み取る

 What do you want?

 I want a strawberry.（無声音で言う）

 Is it a fruit?

 Yes, it is.

うまくいくコツ
無声音で答えると，子どもは教師の唇に注目する。しかし，何を伝えているかを1回で当てることは難しいため，ゆっくりはっきりと，無声音で3回程度繰り返して伝える。

あっ，わかった！　I want a strawberry.

 That's right.　すばらしい！
よくできました。
それは，もう一度，尋ねてください。

 What do you want?

 I want orange juice.（無声音で言う）

 あっ，わかった！　I want orange juice.

 That's right.

うまくいくコツ
もしもう一度聞きたいときは，One more time please. と英語でお願いさせることで，児童が用いるクラスルームイングリッシュを増やしていく。

3. 代表の子どもが先生役になりゲームに取り組む

 今の先生役をやりたい人はいますか？
それでは，○○さん前へどうぞ。
みんなで，○○さんに尋ねましょう。

 What do you want?

うまくいくコツ
何がほしいかを考えることがなかなか難しい子どもへの支援として，黒板に絵カードをたくさん提示し，その中から選んで答えさせてもよい。

＼ ポイント ／

　先生と子どものやり取りからスタートし，代表とその他の子のやり取りへと進めてきました。この後は，グループやペアで行うとよいでしょう。

今日のラッキーさんは誰かな？
ラッキーカード

時間	10分	準備物	●絵カード

ねらい

What would you like? I'd like a ～ . を用いて，絵カードを集めていく活動を通して，丁寧に注文する表現に慣れ親しむ。

対象

中 学年

高 学年

1.ルールを理解する

今から「ラッキーカードゲーム」をやります。「What would you like?」「I'd like a ～ .」のやり取りで，自分のほしいレストランのメニューの絵カードを集めていきます。活動が終わったとき，先生の示したラッキーカードと同じ絵カードを持っている人が勝ちです。

2.10枚のカードを用いてペアで取り組む

 Aさん，What would you like?

 I'd like a pizza please.

 Here you are.

 Thank you!

> **うまくいくコツ**
> まずは，ペアで行うことで，丁寧なやり取りを何度も言うことができる。また，ラッキーカードに当たる確率も高まる。

You're welcome.

 Bさん，What would you like?

 I'd like a steak please.

 Here you are.

 Thank you!

 You're welcome.

うまくいくコツ
レストランで行う丁寧な
やり取りのため，Here
you are. Thank you.
の気持ちのよいやり取り
も大切にする。

3. ラッキーカードを確認する

 先生，終わりました。

 ラッキーカードは，「Pizza」です。

 やったー！ぼく持っている！

 もう一回やろう！

うまくいくコツ
同じ子どもだけに
ラッキーカードが
当たらないように
配慮する。

＼ ポイント ／

　まずは，ペアで行いました。この後は，4〜6名のグループで行うと
よいでしょう。教師が示すラッキーカードは，偶然性を楽しんだり，学
級の状況によっては，カードを意図的に選んだりすることも効果的です。

しっかり聞いて書いてみよう！

誰の名前かな？

| 時間 | 10分 | 準備物 | ●ミニホワイトボードやワークシート |

ねらい

　How do you spell your name? の質問への答えを聞き，誰の名前かを当てる活動を通して，アルファベットを聞いたり書いたりすることに慣れ親しむ。

対象

中
学年

高
学年

1.ルールを理解する

みんなのよく知っている人の名前のスペルをランダムに伝えます。聞いたり，書いたりしながら誰の名前かを当ててください。

2.質問し，教師の回答を聞く

では，やってみましょう。先生に質問してください。

How do you spell your name?

O・O・H・H・T・A・N・I・S・E・I
並べ替えて，誰の名前か当ててごらん。

わかった！O・T・A・N・I・S・H・O・H・E・I　大谷翔平だ！

3. 他の名前でもやってみる

 How do you spell your name?

 R・O・I・C・H・I

うまくいくコツ
ランダムにする際に，一部は，「C・H・I」のように読みやすい順序で示す。

 これ簡単だ！I・C・H・I・R・O　イチロー！

 That's right.

\　ポイント　/

　本稿では有名人の名前を取り扱いましたが，学級の友達や学校の先生の名前を用いても，楽しく活動することができます。

キーセンテンスを繰り返そう！
道案内Simon Says

時間	5分	準備物	特になし

Simon Says ゲームを通して，道案内で活用するキーセンテンスを知り，定着できるようにする。

対象

中 学年

高 学年

1.ルールを理解する

今から「Simon Says ゲーム」をします。先生が "Simon Says" と言った後に "Go straight" "Turn right" などと言うので，その通りの動きをしましょう。
このとき，必ず，"Go straight" や "Turn right" と，キーセンテンスを言ってからその動きをしましょう。"Simon Says" と言わずに指示した場合は，動いてはいけませんよ。

2.Simon Saysゲームに取り組む

Simon says "Turn left!"

Turn left!（左を向く）

Simon says "Go straight!"

100

Go straight!
（前に進む / その場で行進する）

Turn left!

Turn left!
あっ…動いてしまった…

必ずリーダーに合わせて
「繰り返し」伝えること
を徹底することで，英語
のアウトプットの機会を
増やすようにする。

うまくいくコツ

3. 子どもがリーダーとなり，Simon Saysゲームをする

やり方はわかりましたか？
それでは，今先生がやったリーダーの役を今度はみんなにしてもらいます。やりたい人は手をあげましょう。

Simon says "Turn left."

Turn left!（左を向く）

うまくいくコツ
慣れてきたら，キーセンテンス以外の表現を使っていろんなフレーズを定着できるようにするとよい。

道案内をする

＼ ポイント ／

　このゲームは割と単純なルールなので，日本語でルールを説明するより，実際に子どもと英語でやり取りをしながら，子どもたち自身にルールに気づかせるとよいでしょう。

宝のありかを伝えよう！
宝探しゲーム

 時間 **10分**

 準備物 ●宝物がかかれたカード

宝探しゲームを通し，キーセンテンスを定着させたり，道案内でさらに使えそうな表現を考えたりする。

対象
中 学年

高 学年

1. ルールを理解する

 今から「宝探しゲーム」をします。まず，宝探しをする人を決めます。宝探しをする人は廊下に出ましょう。その人が出た後，宝物を教室の中に隠します。隠し終わったら，もう一度教室に戻ってきてもらい，みんなで宝物を隠した場所まで，キーセンテンスで誘導します。では，宝探しをしたい人はいませんか？

 やりたいです！

 では廊下に出ましょう。（その間に宝物を隠す）

2. 宝探しゲームに取り組む

 Where is the treasure?

Go straight. Turn right at the 3rd corner.

 Stop! Stop! Go back.

 It's under the desk.

 I found it!

 Good job!
では，次に宝探しをしたい人はいませんか？

うまくいくコツ

宝探しをする子は，その他の
子たちの指示を英語で繰り返
し言いながら宝探しをすると，
その子自身にもフレーズが定
着する。

3. 今日使った表現を復習する

 では今日宝探しゲームで友達を誘導するために使った英語表現を復習しましょう。どんな表現を使いましたか？

 Go straight.

 友達が予想より行きすぎたら "Go back." って言ったよ！

\ ポイント /

　道案内の初期段階で行うゲームです。子どもたちみんなで誘導することで，一人ひとりが自信をもって発話できるようにします。このゲームで何度もアウトプットをし，基本的な英語表現を定着させましょう。

道案内をする

身近な場所を探検しよう！
Google Earthで道案内

| 🕐 時間 | 10分 | 📝 準備物 | ●タブレット |

ねらい

教室にいながら身近な場所を探検することで，子どもの好奇心を促し，自発的に英語をアウトプットできるようにする。

対象

中 学年

高 学年

1.ルールを理解する

今から教室を飛び出して，いろんなところに冒険しようと思います。（Google Earth を起動し，スタート地点まで移動する）

今日，一緒に冒険するのはこの子です！（と言って，スクリーン下部に後ろ向きに立った人物のイラストなどを貼り付ける）

2.みんなで道案内をする

Where is the police station?

Go straight! Go straight! Stop!

Turn left!

… （子どもの指示の通りに Google Earth を動かしていく）

うまくいくコツ

学校の近くにあるみんながよく知っている場所や，みんながよく行くテーマパークの中など，児童の実態に合わせて場所を選択するとよい。

Here is the police station!

 では，確認してみましょう！（ストリートビューに切り替えて，その場所が本当に警察署なのかを確かめる）

3 .さらに使えそうな表現を確認する

 さっきは，何度も "Go straight." と言ってから "Turn left." と言いましたが，"Go straight for 3 blocks." や "Go straight and turn left at the 3rd corner." などのように言うこともできますね。

＼ ポイント ／

自分たちのよく知っている場所を活用するというのがポイントです。慣れてきたら，全員ではなく，グループの１人ずつ英語をアウトプットさせてもよいでしょう。

遠隔で情報を伝えよう！

Zoomで操作せよ

 時間 **10分**

 準備物
●タブレット
●宝物になるもの

ねらい

コミュニケーションの手段が限定された活動を通して，自分の英語が適切に相手に伝わるように意識して話すことができるようにする。

対象
中 学年
高 学年

1.宝物を隠す

自分たちが隠した宝物の場所までALTの先生を誘導しましょう。まずは，宝物を隠してください。
（4人1組でグループをつくり，それぞれが宝物を隠しにいく。隠し終わったら，スタート地点から宝物のありかまで英語で伝える練習をする）

2.Zoomで道案内をする

Where is the treasure?

Go straight for 5 blocks and turn right.

（ALTが自分の目線にタブレットのカメラを持ってきて，子どもたちの指示を聞きながら移動する）

（例えばドアの前に来ると…）Open the door.

 （例えばある地点より行きすぎると）Go back.

 The treasure is under the desk!

 I found it! Thank you!

＼ ポイント ／

　ALT には，プログラミング的に，子どもたちの動きの通りにしか動かないように伝えておきましょう。そうすることで子どもたちは，足りない部分などがあると補足的にアドリブ的な表現も交えて英語をアウトプットするようになります。

思った通りに伝わるかな？

音声通話で神経衰弱

時間	10分	準備物	●タブレット ●イヤホン

ねらい

コミュニケーションの手段が限定された活動を通して，自分の英語が適切に相手に伝わるように意識して話すことができるようにする。

対象

中
学年

高
学年

1.ルールを理解する

2人ペアで行います。たくさん並べられた机の上に，カードを裏返しにして置いています。ペアの子を自分がめくってほしい2枚のカードの場所まで英語で誘導します。その2枚のカードの絵が揃っていれば，そのまま続けて次の2枚のカードを選び，そこまでペアの子を誘導します。揃っていなければ，ペアの子と役割を交代します。

2.音声通話でゲームに取り組む

Go straight and turn right at the 3rd corner.

OK.

Go straight for 2 blocks and stop. It's on your right.
What's that?

It's a " STAR".

 Thank you. Next card is… Go straight for 2 blocks and turn left. Go straight and stop!
It's on your left. What's that?

 It's a "Circle".

 Thank you. It's your turn! Please come back!

＼ ポイント ／

　音声通話を活用することで，ノンバーバルコミュニケーションが使えなくなります。それはつまり，「話す」「聞く」ことにフォーカスできるということです。コミュニケーション手段を限定することで，より意識して特定の技能を高めることができます。

聞いて覚えて自己紹介しよう！
ID Switch

時間	5分	準備物	特になし

ねらい

相手の情報を覚えるというゲームを通して，話すだけでなく聞く必然性をもちながらやり取りできるようにする。

対象
中
学年

高
学年

1.ルールを理解する

 今から「ID Switch ゲーム」をします。まずはデモンストレーションをします。Hi. What's your name?

 My name is 【A】. What's your name?

 My name is 【B】. What do you want to be (in the future)？

 I want to be a doctor. What do you want to be?

 I want to be a teacher.

 ID Switch!（ハイタッチをすると，先生同士の名前と将来の夢が入れ替わり，次のやり取りは入れ替わった名前と将来の夢を使ってやり取りをしていく）

2. ID Switchゲームをする

 Hello. What's your name?

 My name is【○○】… （以下，同様のやり取りをする）

3. 答え合わせをする

 Who is ○○（特定の児童名）？
（ID Switch をして行った結果，その子が誰と入れ替わったのかを確認し，その入れ替わった子とやり取りをする）

 My name is ○○.

 What do you want to be?

 I want to be a police officer.

 ○○, what do you want to be?
（本人にその将来の夢が本当に正しいかを確認する）

なりきって表現する

＼ ポイント ／

　入れ替わり，相手になりきってやり取りをしていくためには，相手の英語をきちんと聞いて暗記する必要があります。やり取りに加え，「聞く力」にフォーカスさせることがこのゲームのポイントです。

3人称や過去形を使わずに他己紹介しよう！

なりきり"Who am I?"

時間 10分

準備物
●タブレット
●アプリ「ChatterPix Kids」

ねらい

　ICT を活用し，その人やものになりきることで，3人称や過去形など
を使わずに他己紹介できるようにする。

対象

中
学年

高
学年

1. My Heroの動画をつくる

ChatterPix Kids というアプリにみんなの憧れの人や好きなもの
の写真を取り入れ，口の部分に線をかきます（このかき入れた線が
口となり，パクパクと録音に合わせて動きます）。あとは録音する
ことで，それがお話ししているような動画をつくることができます。
では，さっそく動画をつくりましょう。

Hello. I like rock music. I can play the guitar. I'm good at
singing. I am a famous singer in Japan. Who am I?

2. "Who am I?"クイズをする

では今から "Who am I" クイズをします。
（子どもを指名する）

This is my HERO. Please listen to my quiz!
（スクリーンは隠した状態で，動画の音声のみを聴かせる）

Is he/ she ○○？（有名人の名前や歴史上の人物，好きなキャラクターなど，発表者にとっての HERO が誰かを当てる）

Yes, he/ she is. No, he/ she isn't.

Let's watch the movie!（今度は映像も見せる）

Good job!

3．つくった動画を全体で共有する

＼ プラスα ／

　ChatterPix Kids を活用することで，実際にその人やものになりきった映像をリアルにつくることができ，クイズを出し合う場面だけでなく，その前段階のつくる場面も楽しくすることができます。すでに今は存在しない歴史上の人物になりきったクイズをつくることもできます。

身の回りのものに命を吹き込もう！

なりきり動画づくり

| 時間 | 10分 | 準備物 | ●タブレット
●アプリ「ChatterPix Kids」 |

ねらい

ICT を活用することで，自分の机や鉛筆，ロッカーなどいろんなものになりきって，感情などを表す英語表現に慣れ親しむ。

対象

中 学年

高 学年

1. 身の回りのどんなものになりたいかを考える

 ChatterPix Kids というアプリを使って，身の回りのものに命を吹き込みたいと思います。例えば，自分の消しゴムだったら，普段どんなことを感じたり考えたりしていると思いますか？英語で言ってみましょう。

 いつも大切に使っているから "I'm happy." かな！

 私はよく机から落としたり，たまになくしたりするから "I'm sad." だと思う。

 私はたまに友達と消しゴムであそぶから…
"I'm excited." がいいな。

2. そのものになりきって動画をつくる

では今からそのものになりきって動画をつくります。10分間で，たくさんの動画をつくってみましょう！

（自分の筆箱を写真で撮影してアプリに取り込み，口を描いて録音する場合の例）Hello. I'm ○○ 's pencil case. I'm very happy because I have many friends in me. My best friend is a red pencil. She is very cute.

3. つくった動画を全体で共有する

なりきって表現する

\ ポイント /

　ChatterPix Kids を活用することで，人物以外のものにもなりきることができます。自分たちが普段どのようにものを使っているかによって感情を表す表現が変化するので，共有すると様々な表現が出てくることでしょう。

自分の名前にはあるかな？
ラッキーアルファベット

時間	3分	準備物	●英語で書いた名札

ねらい

アルファベットの文字を意識しながら友達とコミュニケーションをとる。

対象

中
学年

高
学年

1. ルールを理解する

 今日は「ラッキーアルファベット」をします。黒板に書いたアルファベットが名前に入っている人とじゃんけんをしましょう。

2. みんなで「ラッキーアルファベット」をする

では，実際にやってみましょう。今日のラッキーアルファベットは「A，B，C」です。自分の名前にラッキーアルファベットが入っている人は手をあげましょう。

私の名前には「A」が入っているね！

ぼくの名前には「B」と「C」が入っていたよ！

> **うまくいくコツ**
> 自分の名前にどんなアルファベットが入っているかを確かめさせてから行うとアルファベットへの気づきがより高まる。

誰の名前にアルファベットが入っているかわかりましたか？もし途中でわからなくなったときは友達に聞いてもいいですよ！
それでははじめてみましょう。

3. 他のアルファベットでもやってみる

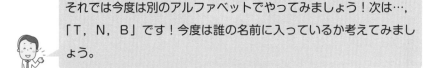
それでは今度は別のアルファベットでやってみましょう！次は…,
「T，N，B」です！今度は誰の名前に入っているか考えてみましょう。

○○さんには「T」が入っているね！

私の名前には「T」が入っているからTのポーズしてアピールしようかな。

みなさん，今日のラッキーアルファベットは見つけられましたか？
自分の名前にラッキーアルファベットが入っている人の中には体でアピールしている人もいましたね！すばらしい！

＼ プラスα ／

慣れてきたら，自分と同じアルファベットが入っている人とじゃんけんをするなど，ルールを変えていくとレベルも上がり，より子どもたちがアルファベットを意識しながら活動に取り組めるようになります。

体を動かしながら楽しく覚えよう！

全身アルファベット

 時間 10分

 準備物 ●タブレット

ねらい

アルファベットの形を全身で表現することを通して，アルファベットの形や特徴をつかむ。

対象
中 学年

高 学年

1. ルールを理解する

 今日は全身でアルファベットを表してみます。試しに先生の真似をして，アルファベットの「A」をつくってみましょう。

 できた！

2. 4人組のグループをつくり，活動する

 1人でできたら，今度はグループで協力しながらアルファベットをつくってみましょう。次は「B」です。できるかな？

 できた！3人で体をくっつけたらできたよ！

 上手にできましたね。他にもアルファベットがたくさんあるので，いくつクリアできるか挑戦してみましょう。

3. 他のグループとつなげてみる

 だんだんと慣れてきましたね。レベルアップです！他のグループと協力して「DOG」をつくってみましょう。

 私たちは「D」をつくるから，「O」と「G」をお願い！

 できあがったら友達に見てもらいましょう。

＼ プラスα ／

　お互いにタブレットで写真を撮り，見合うことで自分の姿がわかります。また，記録にも残るので，撮った写真を並べていろいろな言葉をつくってみるのもおもしろいです。

クラスに１人？自分のペアを見つけよう！
マッチングアルファベット

 時間 10分　 **準備物**　●アルファベットカード

ねらい

コミュニケーション活動を通して，アルファベットの大文字と小文字を正しく理解する。

対象
中
学年

高
学年

1.ルールを理解する

「マッチングアルファベット」をします。アルファベットの大文字と小文字を書いたカードを１枚ずつ，合計２枚配ります。大文字のアルファベットの方のペアを見つけましょう。

私は「A」と「m」を持っています。

「A」ということは「a」を持っている人を見つけましょう。また，「M」を持っている友達が「m」を持つあなたを探しにきます。見つけてもらってペアをつくりましょう！

2.1回目を行う

実際にやってみましょう。自分が持っているものをアピールするときは「Big ○○」「Small ○○」と言いましょう。よーいスタート！

120

3. 2回目を行う

ペアは見つかりましたか？では，
隣の人とカードを交換しましょう。
新しいペアを見つけますが，何分
くらいで見つかりそうですか？

1分！

では1分でやってみましょう。1分以内に全員クリアできるように
チャレンジしてみましょう！よーい，スタート！

4. ルールを変えて行う

少しずつ早く見つけられるようになってきましたね。今度は小文字
のカードのペアを見つけましょう。

Big N! Please!（小文字の「n」を持っている子）

お！○○さん，いいアピールだね。すばらしい！

＼ プラスα ／

　高学年では，コミュニケーションをする際に「I have Big A. How
about you?」などの表現を取り入れることで，よりコミュニケーショ
ン活動が活発になります。

言ったら爆発？
爆弾アルファベット

時間	3分	準備物	●アルファベットカード

リズムよく発音していく中で，アルファベットの順番や発音を身につけることができるようにする。

対象

中学年

高学年

1.ルールを理解する

「爆弾アルファベット」をします。このアルファベットの中に爆弾を仕掛けます。爆弾が仕掛けられたアルファベットを言ったらアウトです。それ以外のアルファベットは元気よく言いましょう。

2.1回目を行う

1回目の爆弾は「G」に仕掛けます。みなさん，何と読みますか？

「G！」

そうですね。今回はGに爆弾を仕掛けるので，言ったらアウトです。アウトになったらその場に座りましょう。では始めます。（アルファベットを順番に指していく）

A！B！C！D！E！F！G…あー！間違えた！

3. 2回目を行う

 惜しかったですね！もう一度やってみましょう。さあ，集中してがんばってくださいね！全員で最後まで言えたら拍手！ではいきます。

うまくいくコツ

全員がクリアできるまで同じアルファベットで何度も挑戦すると自然と順番や言い方が覚えられ，子どもたちの達成感も生まれる。

 できたー！

 よくがんばりました！では，次は別のアルファベットに爆弾を仕掛けます。今度は…

\ プラスα /

慣れてきたら爆弾の数を増やしたり，スピードアップしたりすることでさらに盛り上がります。高学年では，アルファベットカードを提示していなくてもできます。

タブレットで楽しく学ぼう！

アルファベット探し

 時間 **10分**

 準備物 ●タブレット

ねらい

身の回りにあるアルファベットを探す活動を通して，アルファベットの形や特徴に着目し，慣れ親しむ。

対象

中 学年

高 学年

1. ルールを理解する

 これから身の回りにあるアルファベットを見つけてもらいます。アルファベットの文字でもいいですし，アルファベットに見える形を探してきてもいいですよ。見つけたアルファベットはタブレットで写真を撮りましょう。

2. アルファベット探しをする

 身の回りを見て，アルファベットに見えるものはありませんか？

 鉛筆が「I」に見える！

 お！1つ見つかりましたね！他にはありますか？

 消しゴムの先が「D」に見える！

よく見つけましたね！その調子です！

3. 自由にアルファベット探しをする

○○さんの服に「A」が書いてある！撮ってもいい？

Tシャツは「T」の形だ！これは大発見！

ズボンは「V」の形だ。でも「U」にも見えるなあ。

たくさんアルファベットを見つけられましたね。では撮影した写真を使いながら友達と交流しましょう。

| うまくいくコツ |
アルファベットカードを黒板などに提示しておくと，苦手な子どもは照らし合わせながら取り組むことができる。

アルファベットに慣れ親しむ

＼ プラスα ／

　撮影した写真に直接書き込むソフトがある場合は，見つけたアルファベットを書き込むようにすることで，書く活動にもつながります。また，それらに目や鼻などを付け足すと見つけたアルファベットを使ってキャラクターが簡単にできあがるのでおもしろいです！

素早く言おう！
Colorドンじゃんけん

時間	10分	準備物 ●色カード

ねらい

素早く色を答えたり，英語でじゃんけんをしたりすることで友達と楽しみながら定着を図る。

対象
中
学年
高
学年

1. ルールを理解する

2チームで対戦します。机を一列につなげて各机に1枚の色カードを置きます。各チームは両端に並びます。スタートの合図で，先頭の人は端から順にカードにタッチしつつ，カードの色を言って中央に進んでいきます。相手に出会ったところでじゃんけんをします。

2. ゲームに取り組む

 Ready Go!

 Red, Blue, Orange,

 Green, Black, Pink,

 Don! rock-paper-scissors, 1 2 3!

うまくいくコツ
スタートから2枚目のところに失点ラインを設定することで，点が入りやすくなる。

よし勝った！そのまま進むぞ！ White, Gold,

 負けたー！次の人，お願い！！

うまくいくコツ
負けてしまったら次の人に声をかけるようにするとスムーズ。

 OK! Green, Black, Pink,

 Don! rock-paper-scissors, 1 2 3!

 Time's up!!　ここまでー！

3. 結果を発表する

 Aチーム4ポイント，Bチーム5ポイントですのでBチームの勝ちです！
2回戦は，相手チーム側の配置を決めてください。
では作戦タイムスタート。

うまくいくコツ
10枚の中から5枚選ぶなど，どの色を選ぶか選択できるようにする。

 この中から5枚選ぶのか。どれにする？

 Purple とか Brown とか，難しそうなのを入れようよ！

> ＼ プラスα ／
>
> ミニカードを使ってペアであそぶこともできます。机の上にカードを並べ，指でタッチしながら色を言っていきましょう。

色の表現を使う

連想して色で答えよう！
Color Flash

⏱ 時間	10分	✎ 準備物	●フラッシュカード ●白紙

ねらい

フラッシュカードを見ながら楽しく色を表す英語を書き写すことを通して，色を表す表現に慣れ親しむことができるようにする。

対象

中
学年

高
学年

1.ルールを理解する

「カラーフラッシュゲーム」を始めます。お題を発表しますので，そのお題から連想される「色」を紙に１つだけ英語で書きましょう。全員の中で，一番多くの人が連想した色を書いた人が得点です。

2.ゲームに取り組む

では，実際にやってみましょう。はじめのお題は，「オリンピックの輪の色といえば」です！紙に１つだけ書きましょう。

うーん，赤かなぁ。「Red」と。

> **うまくいくコツ**
> 黒板にフラッシュカードを貼って，見ながら書けるようにする。

全員書けましたか？では全員で数えてみましょう。
Raise your hand if you wrote red.

1, 2, 3 … 7!

 How about black?

（全員の答えを確かめる）

 Red が一番多かったですね。Red と書いた人，1 ポイントです。

うまくいくコツ
お題例は「信号機」「目玉焼き」などの簡単なものから始め，「夢」「思い出」「音楽」など無形のもの空想上のものなどを混ぜていくとより楽しめる。

3. お題を変えて楽しむ

 では次のお題にいきましょう！次は「かき氷」です

＼ プラスα ／

　2番目に多い色にのみ点をあげるようにルール変更を行います。こうするととたんに回答者は考え出します。出題もしやすいです。

色の表現を使う

色カードを使ってかるたあそびをしよう！

Color *Karuta*

🕐 時間 **5分**　　📝 準備物　●色カード

ねらい

先生が発した色のカードを取り，それを発表する活動を通して，好きな色を質問したり答えたりできるようにする。

対象

中 学年

高 学年

1.ルールを理解する

ペア（グループ）になって，机の上に色カードを並べましょう。みなさんは先生に向かって「What color do you like?」と質問します。先生は「I like ○○ .」と好きな色を答えます。答えた色カードをたくさん取った人が勝ちです。

2.カルタゲームに取り組む

What color do you like?

I like … Red!

あった！ Yes!

What color do you like?

うまくいくコツ
・bright（明るい，鮮やかな）
・light（薄い）
・pale（淡い，白っぽい）
・deep（深い）
・dark（暗い）
などの表現を合わせて「I like light pink.」のように使うことで，表現の幅を広げることができる。

I like … bright orange.

 Yes!　あ，間違えた！普通のオレンジだった。

 お手つきは1回休みですよ。では次…

3.取ったカルタを数えたり発表したりする

 取ったカルタの枚数を数えて，「I have ○○ cards.」と発表しましょう。

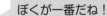 色の表現を使う

 I have ten cards.
ぼくが一番だね！

 次に，どんな色を取ったのか発表します。みんなで「What color do you have?」と聞きましょう。聞かれた人は，「I have ○○，○○ and ○○ .」と発表します。

 What color do you have?

 I have red, dark blue, gold, and bright orange.

＼ プラスα ／

取った枚数で勝負するだけでなく，ラッキーカラー（最後にランダムで発表）を持っている人が勝ちというルールも盛り上がります（1枚でも取っていれば勝つ可能性があります）。

色の名前を使って謎解きしよう！

Black art quiz

 時間 **5分**

 準備物 ●フラッシュカード

ねらい

頭を柔らかく使わないと解けない謎解きクイズを楽しみながら，色の言い方を覚えたり好きな色を質問したりできるようにする。

対象
中 学年
高 学年

1.ルールを理解する

「ブラックアートクイズ」を始めます。今から先生が４つの色を言いますから，後に続けて言ってください。その中の１色が，クイズの答えになります。正解するには，ある秘密に気づく必要がありますよ。秘密に気づいた人は，みんなには内緒にしていてくださいね。

2.クイズを出す

ではやってみましょう。
Black art quiz. Red, Black, Green, Blue.

Red, Black, Green, Blue.

What color do I like?

> **うまくいくコツ**
> フラッシュカードを黒板に貼りながら言うようにする。４つの色や順番は，毎回変えるようにするが，「Black」は必ず入れるようにする。

Black? Red? （自由に発言する）

 では正解を言いますので，何色が好きか質問してください。

 What color do you like?

 I like Green.

 えー，どうして？

 ある法則がありますよ。じゃあもう一問いきますね！

Black	Red	Blue	Green

うまくいくコツ

適宜「頭を柔らかく使ってね」と声かけをする。また，「Black art」という言葉を強調したり4つの色を言うときに黒だけを強調したりするとヒントになる。

色の表現を使う

ポイント

「Black」の次に言った色が正解になります。Black＝黒，Art＝あと（後）だからです。秘密に気づいた子の笑顔がたまらない活動です。

指定された色の物をタッチしよう！
Touch colorゲーム

 時間 **10分**

 準備物 ●色カード ●磁石

ねらい

教師や友達が発した色のものを触る活動を通して，好きな色を質問したり答えたりできるようにする。

対象

中 学年

高 学年

1. ルールを理解する

 黒板に色カードを貼りました。先生が指さしながら言うので，みなさんも真似して言ってください。数回繰り返した後，先生が「Go!」と言います。そのときは，直前に言った色の物を教室内から探してタッチしてください。

2. ゲームをする

 What color do you like?

 What color do you like?

 I like red.

 I like red.

> **うまくいくコツ**
> 慣れる前は，色の名前を言うだけでもOK。

I like green.

 I like green.

 Go!

 緑，緑！緑の物ある？

 黒板が緑色だ！タッチ！

 5, 4, 3, 2, 1, Stop! タッチできなかった人に，みんなで「Don't worry.」と言いましょう。せーの！

 CHA! CHA! CHA!（手拍子3回） Don't worry.

色の表現を使う

3. ペアやグループで行う

 では，今先生とみんなでやった Touch color game を今度はグループでやってみましょう。1人が先生役になって出題し，残りの人たちは真似をします。

 じゃあぼくからやるね。何色にしようかなぁ。

> ＼ プラスα ／
> 色（color）だけでなく，形（shape）や文房具（stationary）などでもできるあそびです。

身の回りから形を見つけよう！
形見つけ

時間	10分	準備物	●タブレット

ねらい

身の回りにあるものからキーセンテンスに出てくる形を見つける活動を通して，好奇心を高め，英語活動への意欲につなげる。

対象

中学年

高学年

1.ルールを理解する

今から「形見つけゲーム」をします。キーセンテンスに出てくる形からお題を出すので，そのお題の形を見つけて写真を撮影しましょう。それぞれ，制限時間は3分間です。その間にたくさんの形を見つけましょう。

> **うまくいくコツ**
> 3分間という時間を設けることで，メリハリをもって授業を進めることができる。

2.形探しゲームをする

The keyword is "circle". Please find it.

I found it! （写真を撮影する）

This clock has a circle!

3. 見つけたものを共有する

 Please show me your "circle."

 This is my "circle."

 What is this?

 This is a clock.（撮影した写真を見せる）

 Where is the clock?

 It's on the wall.

 What is this?

 This is a button. …

 The keyword is "rectangle". Please find it.（また別の形のお題を出す）

形の表現を使う

形を組み合わせてみよう！

形づくり

 時間　10分　 準備物　●タブレット

ねらい

形を組み合わせて別の形をつくる活動を通して，好奇心を高めつつ，英語でどうやってつくったかを紹介することができるようにする。

対象

中 学年

高 学年

1.ルールを理解する

今から「形づくりゲーム」をします。タブレット内にある図形を組み合わせて使い，お題の形をつくりましょう。このとき，形が変形してしまわないように「縦横比」は「固定」するようにしましょう。制限時間はそれぞれ2分です。

2.形づくりゲームをする

How can you make a lion?

I did it!（タブレットの図形を活用して，ライオンの形をつくる）

Please show me your lion.

3.つくったものを全体に共有し，どうやってつくったかを紹介する

This is my lion.

 What shape did you use? /
How did you make it?

 I used 1 big orange circle, 2 small black circles, 6 brown triangles and a red rectangle.

 Well done!

 This is my lion.

 What shape did you use? /
How did you make it?

 I used a yellow star and an orange circle for the face. I used a brown circle and an orange rectangle for the tail. I used 5 orange rectangles for the body.

 That's great!

＼ ポイント ／

　タブレットを活用すると，たくさんの形カードをつくらなくても，簡単に形を複製して組み合わせることができます。ただ，つくるのに時間がかかっては本末転倒ですので，必ず制限時間を設けてください。上手にできていなくても，雰囲気さえ伝われば十分楽しめます。

聞いて描いて何か当てよう！

形お絵かきゲーム

時間	10分	準備物	●タブレット

ねらい

形を組み合わせて別の形をつくる活動を通して，好奇心を高めつつ，英語でどうやってつくったかを紹介することができるようにする。

対象

中
学年

高
学年

1.ルールを理解する

 今から英語で指示をします。
その指示通りに絵を描いて，それが何を表しているかを当てていきましょう。

2.お絵かきゲームに取り組む

 Please draw a big circle.

 A big circle?（大きな丸を紙に描く）

 Please draw 2 small ovals in it.

 2 small circles…

Please draw 2 black circles on the top side of the big circle.

 Top side…?

 Please draw a triangle upside down under the 2 ovals.

 upside down だから，三角形を逆にかくのかな？

 Please draw the number "3" horizontally.

 最後なんて言ったの!?　3をかく？

 What is this?

 I think it's a panda?

 Yes, it is.

＼ ポイント ／

　形の表現だけでなく，様々な表現を聴いてお絵かきをします。何の絵が完成するのか予想ができないことと，クイズに答えたいという気持ちから，しっかりと英語表現を聴こうとする必然性が生まれます。

形と色で国旗を表現しよう！

国旗当て

🕐 時間	**10分**	●国旗の絵カード ●タブレット
		準備物

ねらい

友達が英語で言った色と形から，それが何の国旗かを当てる活動を通して，必然性をもって聞く姿勢をもつ。

対象

1. 先生と国旗当てクイズをする

 What country flag is it? Hint No.1. You can see a white rectangle. Hint No.2. You can see a red circle in it.

 Japan!

 That's right! It's Japan.

うまくいくコツ
デモンストレーションでは，なるべく単純なデザインの国旗を使い，ルールを体験的に理解できるようにするとよい。

2. 子どもたち同士で問題をつくって出し合う

 では次は，友達とクイズを出し合いましょう。

 What country flag is it? Hint No.1. You can see a green rectangle.

Is it Brazil?

 No, it's not.

 Hint, please.

 Sure. Hint No.2. You can see a white rectangle.

 Is it Italy?

 Yes, it is.

\ ポイント /

　単純な色や形だけで，多くの国旗の特徴を英語で伝えることができます。今回はその国旗を活用し，相手に形や色の表現を伝えたり，相手の子にとっては英語を聞き取ったりする必然性があるため，とても意欲的にゲーム活動に取り組み，同時に英語表現の定着を図ることもできます。

友達とやり取りをしながらゆずり合おう!

2人で形づくり

時間	10分

準備物　●形カード

ねらい

　少なめに用意された形カードを使いどちらが上手にお題の絵をつくることができるかを競う活動を通して,英語でのやり取りを促しながら,同時に形の表現の定着を図る。

対象

中
学年

高
学年

1.ルールを理解する

> ペアで,三角形,正方形,ひし形,ハート,星などの様々な形のカードを数枚ずつ用意しています。それらを使って,お題の絵をつくってもらいます。必ず,"Can I use 2 triangles?"のように相手に聞いてから形を使うようにしましょう。もちろん,使いたい形がお互いに重なったときにも,英語でやり取りをしながら,譲り合いをします。決して無理やり奪ってはいけませんよ。また,例えば,すでに相手が使っている形であっても,その形が使いたければ,同じように英語でやり取りをしてからじゃんけんをしてください。では一度そのやり取りの練習をしましょう。

2.やり取りの仕方を理解する

> Can I use 2 triangles?

I want to use it.

 OK. Let's do rock-paper-scissors.

 Rock-paper-scissors!（じゃんけんをする）

3. 形づくりゲームに取り組む

 ではゲームをします。お題は「ロケット」です。

 Can I use a big circle and 2 small circles?

 Sure. Can I use 3 triangles? …

形の表現を使う

＼ ポイント ／

　でき上がった作品は，お題が変わるたびにまたバラバラになってしまうので，タブレットなどで撮らせておくとよいでしょう。授業の最後に，でき上がった作品を英語で紹介し合うと，より形の表現が定着します。

例）This is my rocket. I used 3 triangles, 1 rectangle, and 〜 .

ヒントから動物を考えよう！

What animal am I?

| 時間 | 10分 | 準備物 | 特になし |

ねらい

ヒントから予想して動物を当てる活動を通して，高学年で学習する表現を学びながら定着を図る。

対象

中学年

高学年

1. ルールを理解する

 今から「What animal am I?」をします。先生がこれからヒントを出しますので，何の動物かを当ててください。

 わかったら英語で言ってみましょう。みんながこれから習う表現が使われていますよ。しっかり聞きましょうね。

2. 動物のヒントを聞いて考える

 I am a kind of animal.
I am brown.

Dog!

 No! OK, listen to me again.

> **うまくいくコツ**
> 一度言ったヒントも，もう一度繰り返すことで，児童にはインプット源になる。必ず繰り返すようにする。

I am brown. I am strong and big.

 I have small ears and a big mouth.

 Lion?

 No. I will give you more hints.

 I am brown. I am strong and big.
I have small ears and a big mouth.
And I live in the forest.
I sleep in winter. I like honey.

 Bear!

Yes, it is.
すばらしい！よくできました。
住む場所や食べ物も言えば動物がわかりますね。
では，別の動物でもやってみましょう…

うまくいくコツ
一度言ったところは早く言い，はじめてのところはジェスチャーもつけて伝えるとよい。

＼ ポイント ／

モデルはあくまで単元で出てくる表現にとどめましょう。子どもたちの再現性を意識してインプット源にします。

動物になりきって体を動かそう！

アニマルサイモン

 時間 **10分**

 準備物 **特になし**

ねらい

教師が指定した動物になりきって体を動かす活動を通して，動物に関わる表現のインプットと動作の表現に慣れ親しむ。

対象

中
学年

高
学年

1.ルールを理解する

 今日は，習った動物を使って「アニマルサイモン」をします。

 先生が "A lion says SLEEP." と言ったらライオンになりきって寝るポーズをします。また，"A rabbit says JUMP." と言ったらウサギになりきってジャンプしましょう。

 もし，先生が動物の名前を言わず，"JUMP" とだけ言ったらジェスチャーをしてはいけません。よく聞いて友達につられないようにしましょう。

2.アニマルサイモンに取り組む

 A gorilla says EAT A BANANA!

（ゴリラの真似をしてバナナを食べるジェスチャーをする）

 A crocodile says WALK!

 （ワニの真似をして歩くジェスチャーをする）

 JUMP!

 （何もしない）

うまくいくコツ

リズムを崩さずに行う
とさらに盛り上がる。
また，"JUMP" など
の日本語と意味が同じ
単語などはよく引っか
かるので連続で使って
みるとよい。

動物名を使う

 すばらしい！先生は動物名を言っていないので，ジェスチャーしてはいけませんね！よく聞けていました。

 では続けましょう！ A monkey says SIT DOWN!

 （サルの真似をして座るジェスチャーをする）…

いろんな動物がわかるようになってきた！

＼ ポイント ／

　TPR（全身反応教授法）は，授業の最初の活動として取り入れると，オールイングリッシュでできるため，英語の空気をつくることができます。発話させないので，英語に不安のある子どもたちも取り組みやすい活動です。

体で表現して親しもう！
アニマルマーチ

🕐 時間 **10分**　　📝 準備物 **特になし**

ねらい

みんなで楽しく体を動かしながら動物になりきって動く活動を通して，動物に関わる英語表現に慣れ親しむ。

対象

中 学年

高 学年

1. ルールを理解する

 今日は，これまでに習った動物で「アニマルマーチ」をします。

 まず列ごと前に出ます。先生が見せる動物のカードに書かれている動物になりきって教室の端から端まで行進します。ゆっくり・押し合わないように気をつけましょう。

 そのあと，他の列のみんなは何の動物か英語で当てましょう。

2. 列ごとに前に出て「アニマルマーチ」に取り組む

 では，実際にやってみましょう。
まずはじめは，1列目のみんなです。前に出てきてください。
Look at this card and walk like this animal!

（カードに示された動物になりきって歩く）

3. 答え合わせをする

みんな何の動物かわかりましたか？
わかった人は手をあげてください！

Gorilla!

では正解を聞いてみましょう。
The answer is…

Gorilla!

よくできました！みんな上手なマーチングでしたね！
では次の列の人は前に出てください。

よーし，みんながわかるようにがんばるぞ！

＼ ポイント ／

座って単調になりがちな単語練習も，この方法を活用することでとても盛り上がる活動に変わります。

会話しながら進めよう！
動物かくれんぼ

 時間　5分

 準備物
●動物フラッシュカード
●封筒

ねらい

隠れている動物カードが何かを当てる活動を通して，教師と子どもの対話をしながら英語表現をインプットする。

対象

中学年

高学年

1.ルールを理解する

今日は「動物かくれんぼ」で，動物のクイズをします。

まずこの封筒を見てください！先生が英語でヒントを出します。みんなもなんて言っているのかよく聞いて，わかったら動物の名前を英語で言ってみましょう。

途中でみんなから質問したいことがあれば，それでもいいですよ。それでは始めましょう！

2.みんなで「動物かくれんぼ」に取り組む

There is an animal in this.
It's very big and strong!
（封筒から動物フラッシュカードを少し見せる）

Lion!

 No. It's not a lion. I'll give you more hints.

 This is black. And it has a big face. It lives in forests.
（封筒から動物フラッシュカードをもう少し見せる）

 Gorilla!

3. 答えを確認したら繰り返して発話する

 Yes! It's a gorilla!
Let's say it together!
Gorilla!

 Gorilla!

 みんな上手ですね。それでは，次は…

> **うまくいくコツ**
> 動物の部位の特徴がわかりにくいところから見せると，会話をたくさん続けることができる。封筒には森の絵を描いておくと子どもの注目が得られる。

\ ポイント /

　第二言語習得論において，コミュニカティブに英語をインプットできる授業が推奨されています。子どもの疑問や推測を促しながら「会話」を語彙指導にも取り入れてください。

体で表現して伝えよう！
動物ハイチーズ

 時間 5分 　 **準備物** ●動物フラッシュカード

ねらい

みんなで楽しく体を動かしながら動物の単語クイズをする活動を通して，英語表現に慣れ親しむ。

対象

中学年

高学年

1.ルールを理解する

今日は，みんなで「動物ハイチーズ」をします。まずは列ごとに前へ出てきます。先生が見せた動物になりきって，3，2，1 "Pose!"と言ったら写真をとる真似っこをしてポーズを決めますよ。
他のみんなは友達のポーズを見て，何のポーズか当てましょう！

2.列ごとに前に出てポーズをし，何のポーズかを当てる

では，実際にやってみましょう。
まず1列目から挑戦です。
Look at this picture!
（動物フラッシュカードを見せる）
OK, now, Let's take a picture!
3, 2, 1 "POSE" .

うまくいくコツ
先生が動物カードを見せてから，3，2，1まで時間をあけずにやると盛り上がる。

（動物のポーズをする）

 何の動物かわかったかな？わかった人は当ててみましょう！

 "Rabbit!"

 "The answer is…"

 "Yes! Rabbit!"

3. 次の列のメンバーでやってみる

 みんな上手にできましたね！では，次は2列目のみなさん，前に出てきてください。

動物名を使う

＼ ポイント ／

動物の単語をいきなり言葉でリピートさせるなどの前に，体で表現することで子どもたち同士のやり取りに向けて表現力が備わります。

何回でもやり取りしよう！

NAME 5

時間	5分	準備物	特になし

 ねらい

友達とのやり取りを通して，食べ物に関する表現を楽しく増やしたり，覚えたりする。

対象

中 学年

高 学年

1. ルールを理解する

今から「NAME 5」をします。ペアをつくります。じゃんけんで勝った方から，果物の名前を5つ言いましょう。言い終わったら交代しましょう。ペアの友達と同じ果物の名前を言っても構いません。NAME 5 start! の合図で始めます。

2. NAME 5に取り組む

NAME 5 start!

Apple, pineapple, strawberry, peach, melon!　チェンジ！

よし，いくぞ。Watermelon, lemon, mango, orange…apple!

みなさんできましたか？新しく知った言葉もあったようですね。

先生，Watermelon って何ですか？

 いいですね。Watermelon ってどんな意味かわかる人？

 スイカです！

 正解です。新しく覚えられましたね。

3. ペアで交互にNAME 5をする

 では，今度はペアで協力して NAME 5をやってみましょう。じゃんけんで勝った方から交互に言いましょう。全部で３回やります。ですが，今度はその中で同じ果物の名前を言ってはいけません。協力してがんばりましょう。

 Melon!

 Watermelon!

 Orange!…

食べ物・果物の表現を使う

＼ ポイント ／

　活動を行う前に基本的な果物の表現を確認しておくとよいです。また，活動が終わった後には英語で言い方がわからない果物を取り上げ，みんなで言い方を確認すると，次回の活動がさらに活発になります。

食べ物・果物の表現を使う

昨日の晩御飯についておしゃべりしよう！

お宅の晩御飯

⏱ 時間	5分	📝 準備物	特になし

ねらい

友達とのコミュニケーション活動を通して，知っている食べ物の表現や，新しい表現に出会い，語彙を増やす。

対象

中学年

高学年

1. ルールを理解する

これから昨日の晩御飯に何を食べたかを英語で伝え合います。言い方がわからないときは，知っている言葉をつなげてみましょう。わからないときは Help me. と教えてもらいましょう。

> **うまくいくコツ**
> 表現が難しいときは，食べ物の単語だけにすると苦手な子どもも参加できるようになる。

2. 練習でやってみる

Hello! What did you eat last night?

I ate rice, fried chicken, and cabbage salad. How about you?

I ate rice, fish, and salad.

Sounds delicious!

> **うまくいくコツ**
> 教師がリアクションやジェスチャーなどをオーバーに積極的に取り入れることで子どもたちも英語で言いやすい雰囲気ができる。

3．ペアで取り組む

 では，今度はペアの友達同士で尋ね合ってみましょう。

 Hello! What did you eat?

 I ate rice, beef, and …あー，言い方がわからない。Help me!

 何を食べたの？

 玉ねぎスープって言いたいんだけど…

 玉ねぎは onion だから，
onion soup じゃない？

 あっ！そうか！I ate onion soup!

> **うまくいくコツ**
> 言い方がわからないときに，ペア同士でも解決できないときは教師が取り上げ学級全体で考えてみるとさらに学びが広がる。

4．グループで取り組む

＼ プラスα ／

　慣れてきたら次のようにいろいろなルールを取り入れてやってみてもおもしろいです。

・友達から聞いた食材をメモする活動を取り入れる。

・自分の晩御飯クイズをつくって友達に答えてもらう。

・調味料などを取り入れて詳しく交流する。

どんどん質問に答えよう！
FRUITS TIME

時間 10分

準備物 ●ワークシート

ねらい

学習活動を通して絵と言葉を結びつけながら考えたり，発音したりする態度を身につける。

対象

中学年

高学年

1. フルーツタッチに取り組む

 今から「FRUITS TIME」をやります。まずはフルーツタッチです。ワークシートに書かれているフルーツの名前を言うので先生の言い方の真似をしながらタッチをしましょう。それでは始めます。Banana!

 Banana!（配られたワークシートをタッチする）

 おっ！いい反応ですね！では次は…Orange!

 Orange!（配られたワークシートをタッチする）

2. フルーツカラータッチをする

 では，今度はフルーツカラータッチです。先生がフルーツの色を言うので，その色のフルーツの名前を言いながらタッチしましょう。

 では，始めます。Red fruits！

 Apple! Strawberry! えーっと，すいかは…忘れてしまいました…

 すいかを英語で言える人？

うまくいくコツ

同じワークシートを使っていると活動が停滞するため，順番を入れ替えたワークシートを何種類か用意しておくとよい。

 Watermelon！

 正解！では次の色です。次は…

\ プラスα /

次のようなバリエーションを取り入れるとさらに盛り上がります。

・ペアで対戦形式で取り組む。ポイント制にすると白熱します。

・果物でなく，食べ物でやってみる。幅が広がります。

・色だけでなく，形や味などでやってみる。難易度が上がります。

ルールなどは自分流にアレンジできるアクティビティなので，どんどん取り組んでみてください。

みんなで協力してヒントを考えよう！

フードヒントクイズ

| 時間 | **5分** | 準備物 | ●教科書
●食べ物のイラストや写真 |

ね ら い

これまでに習った表現を使いながらやり取りする活動を通して，友達と楽しくコミュニケーションをとる。

対象
中 学年
高 学年

1.ルールを理解する

> 今日は「フードヒントクイズ」をします。代表の人に出てきてもらって今から黒板に書く食べ物を当ててもらいます。代表の人は目をつむっていてください。みなさんは代表の人が正解を当てられるよう英語でヒントをあげてくださいね。

2.みんなで「フードヒントクイズ」をする

> では，実際にやってみましょう。代表の人は目をつむってください。最初の食べ物はこれです。（黒板に「チャーハン」と書く）代表の人は目を開けてみんなが言うヒントから正解を当ててくださいね！ヒントを言える人はいますか？

うまくいくコツ
最初はヒントが出しやすいお題を選ぶとよい。慣れてきたらレベルアップしていく。

Rice!

 Onion!

 Rice や Onion が出てきましたね。もう少しヒントがほしいですね。

 Spicy and delicious!

 Cooking with a pan!

 あ，わかった！チャーハン！

 正解！では，次のお題は…

うまくいくコツ
ヒントに困ったら，その食べ物の写真やイラストを見せて，「色」や「味」など視点を与えるとよい。

食べ物・果物の表現を使う

\ ポイント /

はじめはなかなかヒントを言うのが難しいので教師が手伝ってあげましょう。だんだん慣れてきたら子どもたちだけでどんどんヒントを言えるようになるでしょう。グループでやってもおもしろいですね。

止まったところで声に出そう！

フードすごろく

時間 10分

準備物
●ワークシート
●さいころ

ねらい

　友達とゲーム感覚であそびながら単語を声に出す活動を通して，食べ物の表現に慣れ親しむ。

対象

中
学年

高
学年

1. ルールを理解する

今日は「フードすごろく」をします。グループで順番にさいころを振り，出た目の数だけ進みましょう。止まったマスの食べ物を英語で言いましょう。言い方がわからなかったら1マス戻りましょう。

2. フードすごろくに取り組む

グループでじゃんけんをして始めましょう。

2が出た！ Pineapple!

うまくいくコツ
すごろくにある単語を事前に発音練習しておくことで，スムーズに進む。

OK！次は私の番！3だから…Peach!

上手に言えましたね！ゴールを目指してがんばりましょう！

3. いろいろなルールで試してみる

今度はさいころを振る前にみんなで What food do you like? と
尋ねましょう。そのあとにさいころを振り，I like ○○ . と答えて
マスを進めていきましょう。それでは，始めましょう。

 What food do you like?

 （さいころを振る）1だから…　I like apples!

\ ポイント /

　ついつい楽しくなってきてしまうとすごろくをすることが目的になっ
てしまいがちです。教師が必要に応じて子どもと一緒に発音したり，英
語でほめたりすると，子どもたちの中でも英語を使う意識が高まってい
きます。

数であそぼう！
指スマイングリッシュ

時間	10分

準備物　特になし

ねらい

　ランダムに数を言ったり，聞き取ったりすることに慣れ親しむ活動を通して自分の言いたい数をすぐに英語で言え，聞き取った数が何かをすぐにわかるようにする。

対象

中
学年

高
学年

1. ルールを理解する

　今から「指スマイングリッシュ」をやります。きっとみんなはこのゲームを日本語でやったことがあると思います。今日は4～5人のグループに分かれてやりましょう。グループに分かれたらじゃんけんをして，勝った人から時計回りに進みます。まずは先生と何人かでやってみます。やり方を見ておきましょう。

2. デモンストレーションをする

　はじめに掛け声を言う人は，親指が何本上がるかを予想してから，「Ready set」の掛け声の後に「two」や「five」などの数を言い当てます。参加者5人の場合は0～10までの数を言うことができます。「Ready set, one!」のように掛け声と予想した数を言いましょう。親指をあげたい人は，掛け声の後にあげましょう。

自分の指も親指の数に含まれるので，「0」を予想するときは自分の親指をあげないように気をつけましょう。グループで輪になり，順番に掛け声と数を言い当ててゲームを進行していきます。一番はやく両手を下ろすことのできた人が勝ちです。

3. グループで活動に取り組む

では，グループでやってみましょう。

まず，順番を決めよう。Rock-paper-scissors, 1 2 3.

私から時計回りね。準備はいい？ Ready set, four.

Ready set, three.

数字を使う

＼ プラスα ／

　学習させたい数に応じて，ゲームへの参加人数を調整するといいでしょう。ただ，参加者が多くなるとあそびにくくなってしまうので，注意が必要です。

なくなった数を当てよう！

What are the missing numbers?

 時間 **10分**

 準備物 ●数字フラッシュカード

ねらい

なくなった数を当てる活動を通して，集中して数を聞き取り，楽しみながら英語での数の言い方を覚えられるようにする。

対象

中 学年

高 学年

1.数の言い方を復習する

今から先生と一緒に数の言い方を復習しましょう。
zero, one, two, three … twenty.

2.ルールを理解する

ここにある０から20までの21枚のカードから，先生が７枚のカードを抜き取ります。みんなには，なくなった数が何かを当ててもらいます。

3.なくなった数が何かを当てる

カードを抜きました。準備はいいですか？数のカードを順番に見せるので，よく見ながら一緒に数を言いましょう。

zero, one, two, three, five, six, eight, ten, eleven, thirteen, fourteen, sixteen, seventeen, twenty.

 What are the missing numbers?

 わかった！はい！

 Twelve.

 That's right. Good job! We have 6 more missing numbers.

 Nine.

 That's right. Great! We have 5 more missing numbers.

> **うまくいくコツ**
> 子どもが間違いやすい数や発音が難しい数などを意図的に抜くことで、その数の言い方を思い出させ、意識して発話する機会を増やす。

数字を使う

What are the missing numbers?

> ＼ プラスα ／
> 学習させたい数を変更して行うことができます。抜くカードの数が多くなればなるほど難易度が上がります。

間違いやすい数をマスターしよう！

正しく言えるまで終われまテン

| 時間 | 10分 | 準備物 | ●数字フラッシュカード |

ねらい

間違いやすい数（12,20,13,30,14,40,15,50など）の言い方を繰り返し練習することで定着を図る。

対象
中 学年

高 学年

1. 間違いやすい数の言い方を復習する

 今から先生と一緒に，間違いやすい数の言い方を復習しましょう。

 What's this number?

 Twenty? Twelve?

 This is twelve. This is twenty. OK! Let's practice. How about this number?

 Thirteen.

 That's right.

> **うまくいくコツ**
> 12と20のカードを両手に持ち，リズミカルにどちらかのカードをあげながら，その数を子どもに言わせる。同じ数のカードだけを何度もあげ続け，さっと違う数のカードをあげるなどして，楽しみながら数を復習する。

2.ルールを理解する

今から先生がランダムに数のカードを見せていきます。先生が見せたカードの数を英語で言いましょう。カードは全部で10枚あります。すべてのカードの数を全員正しく言えたらミッション達成です。少しでも違った数が聞こえたら，カードをシャッフルし，1枚目のカードから再スタートになります。すべてのカードの数を正しく言えるまで終われません。

何回でミッションクリアできるかな？

3.みんなで活動に取り組む

Are you ready?

Fifty, nine, thirteen, thirty, twenty, forty, fifteen, twenty.

Twenty? This is twelve. Oh no.
Let's try one more time!
I will shuffle the cards again.
Are you ready?

\ ポイント /

いきなり間違いやすい数を言うのは難しいので，ある程度数に慣れ親しんできたころに行うとよいでしょう。また，どんな数でも扱うことができるので，単元の内容に合った数や大きな数を使うのもおすすめです。

出た目の数を英語で言おう！
サイコロ・ドン

 時間　10分

 準備物　●サイコロ

ねらい

　サイコロを使い，出た目の数を英語で言う活動を通して，楽しみながら英語での数の言い方を練習する。

対象

中学年

高学年

1.ルールを理解する

　まず，ペアでじゃんけんをして，どちらが先にサイコロを振るかを決めます。2つのサイコロを同時に振って，出た目の数を足し，その数を先に英語で言えた人が1ポイントもらえます。制限時間内により多くのポイントをもらえた人の勝ちです。ポイントはノートに書いていきましょう。ペアがつくれないところは3人でも構いません。

うまくいくコツ
時間がかかってしまう子どももいるため，なるべく同じレベルの子ども同士をペアにするのが望ましい。

2.ペアで活動に取り組む

　I will give you 3 minutes. Are you ready?

Yes.

 Time's up! Who won the game?

 I won.

 Good job! ゲームに勝った子は教室の後ろに行き，新たな対戦相手を探しましょう。ゲームに負けた子は，席に着いている子から新たな対戦相手を探し，一緒に座りましょう。ゲームに勝った子で，対戦相手が見つかった子は空いている席に一緒に座りましょう。

 今から2回戦を開始します。1回戦のゲームに勝ったペアは，サイコロを3つにして挑戦します。3つ目のサイコロを渡すので，手をあげましょう。では，2回戦の開始です。
Are you ready?

<table>
<tr><td>うまくいくコツ</td></tr>
</table>

うまくいくコツ
2回目以降は少しずつレベル別になるように，ゲームに勝った子どもを教室の後ろに集めてそこから新たなペアをつくるようにする。

うまくいくコツ
サイコロの数は，増える度に難易度が上がるので，子どものレベルに合わせて変更していく。

数字を使う

＼ ポイント ／

　数を0から順番に言える子は多いものの，言いたい数を即座に英語で言えるようになるには練習が必要です。この活動では，サイコロを使ったゲームを通して英語を発話する必然性が生まれます。何度も繰り返して楽しみながら自然と数の言い方を身につけることができます。

英語で時刻を聞き取ってみよう！

時刻カルタ

| 10分
時間

準備物

●カルタカード
●教室用学習時計

　時刻がかかれたカルタカードを使いあそぶ活動を通して，楽しみながら英語で時刻を聞き取る。

対象

中
学年

高
学年

1. 時刻を伝えるときに必要な数の言い方を復習する

今から先生と一緒に数の言い方を復習しましょう。
「zero, one, two, three … twenty.」「thirty, forty, fifty」
「12, 20, 13, 40」などの間違いやすい数は正しく言えるかな？
What's this number?

2. 英語での時刻の言い方を練習する

What time is it?
時刻を答えるときは，It's をつけて答えましょう。

It's twelve o'clock.

Good job! ちょうど○時と言うときは，「o'clock」を使います。

「o'clock」を省略して時刻を伝えることもあります。
How about this? What time is it?

8時05分って英語でなんて言うのかな？ It's eight five?

惜しい！10分以下の時刻を言うときは，前に oh（オー）をつけて
時刻を伝えます。It's eight oh five. が正解です。

3. グループで「時刻カルタ」に取り組む

今から3〜4人グループをつくります。配られた時刻カードの時計
がかかれている面を上にして，机の上に広げましょう。クラスのみ
んなで「What time is it?」と先生に時刻を尋ねます。先生が言
う時刻を聞き取り，正しい時刻のカードを探して取りましょう。
お手つきをしてしまった人は1回休みです。全員お手つきをしてし
まった場合は，1回休まず，全員次の問題に挑戦しましょう。

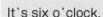
What time is it?

It's six o'clock.
This is the answer card. Did you get the correct card?
間違ったカードを取ってしまった人は元に戻しましょう。

＼ プラスα ／
「What time is it?」を「What time do you get up?」等に変えて
使用すれば，自分の日課を紹介する単元でも表現や時刻の練習ができます。

時刻の表現を使う

英語で時刻を言ってみよう！

時刻カード合わせ

 時間 10分

 準備物
●カルタカード
●教室用学習時計

 ねらい

時刻がかかれたカルタカードを使ってあそぶ活動を通して，楽しみながら英語で時刻を言う。

対象

中 学年

高 学年

1．時刻を伝えるときに必要な数の言い方を復習する

 今から先生と一緒に数の言い方を復習しましょう。
What's this number?

2．英語での時刻の言い方を練習する

 「What time is it?」
時刻を答えるときは，It's をつけて答えましょう。

 It's nine thirty.

 Great!
30分もよく使います。しっかり練習しましょう。

3．グループで「時刻カード合わせ」をする

今から3～4人グループをつくります。配られた時刻カードの時計がかかれている面を下にして，机の上に広げましょう。グループでじゃんけんをして，勝った人から時計回りに始めます。まず，全員で「What time is it?」と言います。自分の番が来たら，好きなカードを1枚めくり，その時刻を言いましょう。さらにもう1枚めくり，その時刻を言いましょう。同じ時刻のカードが出て，その時刻を英語で正しく言えた人は，2枚のカードを取ることができます。同じ時刻のカードが出ても，その時刻を英語で正しく言うことができなかったら，カードは裏返して元に戻しましょう。

順番決めよう！ Rock-paper-scissors, 1 2 3.

私から始めるね。「It's ten thirty.」「It's nine fifteen.」あー残念！揃わなかった。

It's four O'clock.

＼ プラスα ／

　カードを作成する際，聞き取りでつまずくような15分や50分などを同じ○時台でいくつか作成することをおすすめします。似たような時刻があれば，一生懸命数を聞き取ろうとし，盛り上がります。

サイコロを振って時間を進めよう！
サイコロピッタリタイム

時間 10分

準備物
- サイコロ
- 算数セットの時計

ねらい

サイコロとおもちゃの時計を使ってあそぶ活動を通して，楽しみながら英語で時刻を言う。

対象
中学年
高学年

1.ルールを理解する

今からペアでサイコロと時計を使ってゲームをします。まず，ペアで1つのサイコロと1人1台の時計を準備します。時計の針は12時ぴったりに合わせておきましょう。その後，じゃんけんで順番を決めます。サイコロを振って出た目の数×10分，時計の針を進めることができます。6が出たときは，5分進めることができます。進めた時刻は英語で言わなければなりません。この際，英語で正しく時刻が言えなかった場合は，元の時刻に戻ります。順番にサイコロを振り続け，先に〇時〇〇分ピッタリになった方が勝ちです。

2.デモンストレーションに取り組む

実際にやってみます。サイコロで3が出ました。3×10で30分進むことができます。12時から30分進むので，12時30分を英語で言います。「It's twelve thirty.」

5が出た。5×10だから，50分進むことができる。やった！

 すごい！ちゃんと時刻を言えるかな？

 12時50分だから，「It's twelve fifty.」ということは，あと10分でピッタリ1時になるから，1を出せば勝てる！

 すばらしい！先生はもう1回3が出たら，3×10で30分進めるからちょうど1時。さぁ何が出るかな？
まさかの5。5×10で50分進まなければいけないから，1時20分だ！「It's one twenty.」

3．ペアで「サイコロピッタリタイム」に取り組む

 では，始めましょう。
お互いに進んだ時刻の言い方がわからない場合は，手をあげましょう。
先生がサポートしに行きます。

うまくいくコツ
ペアを変えて何度か実施することで，交流をしながら学習できる。5が出たときに5分進むと間違える子どももいるので，どの数が出たら何分進むかを黒板に記入してもよい。

時刻の表現を使う

\ ポイント /

　勝つためにはあと何分時計を進めなければいけないかを考え，どの数を出せば勝てるかを思考しながらサイコロを振るようになるので，時間の学習として効果的です。ある程度時刻の言い方に慣れ親しんだ後に実施するのが望ましいでしょう。

じゃんけんで時間を進めよう！

タイムリミットクロック

 時間 **10分**

 準備物 ●算数セットの時計

ねらい

友達とじゃんけんをしながら時計の針を進める活動を通して，楽しみながら英語での時刻の言い方に慣れ親しむ。

対象

中 学年

高 学年

1. ルールを理解する

 今からペアで時計を使ってゲームをします。このゲームには，1人1台の時計が必要です。時計の針は12時ぴったりに合わせておきましょう。その後，じゃんけんで勝ったら時計の針を30分進め，負けたら時計の針を30分戻す作業を繰り返します。この際，時計の針を動かすごとに時刻を言う練習をしましょう。時刻の言い方がわからなかったら友達や先生に尋ねましょう。制限時間内（3分）でより時間が進んだ人の勝ちです。

2. デモンストレーションをする

 実際にやってみます。

 Rock-paper-scissors, 1 2 3.

> **うまくいくコツ**
> スタートする時刻を変更すると，いろんな時刻の言い方を学習することができる。

勝った！30分進めるから，12時30分。言い方忘れたな。

 一緒に練習しよう。12時30分は，「It's twelve thirty.」だね。
先生はじゃんけんに負けてしまったので，11時30分。「It's eleven thirty.」
もう１回じゃんけんをしよう。

 Rock-paper-scissors, 1 2 3.

 また負けた。先生は11時30分からさらに30分戻るので，11時。「It's eleven o'clock.」

 勝った！ぼくは，12時30分から30分進めるから，１時だ。「It's one o'clock.」

3. ペアで「タイムリミットクロック」をする

 では，始めましょう。お互いに進んだ時刻の言い方がわからない場合は，手をあげましょう。先生がサポートしに行きます。

＼ プラスα ／

「グーで勝ったら10分，チョキで勝ったら20分，パーで勝ったら30分，あいこだと５分」時計を進めることができるというルールに変更すると，同じあそびを高学年版にすることができます。その都度同じように進んだ時刻を言う練習をしていくことで，様々な時刻の言い方を習得できます。

ボールパスで曜日や月を順に言おう！
紙風船de曜日・ボールde月

🕐 **時間** 5分　📝 **準備物** ●紙風船

ねらい

　ボールをパスしながら曜日や月を順番に言う活動を通して，全員で曜日や月を言えるようになる。

対象

 中 学年

 高 学年

1.ルールを理解する

今から「ボール de 月」をやります。まずは January から December までを確認しましょう。

列ごとで円になり，最初の人を決めます。その人は紙風船を優しくパスしながら January と言います。自分のもとに紙風船が飛んできた人は，February と言ってまた紙風船を飛ばします。December まで順にパスしていき，紙風船を落とさずに言いましょう。

2.活動に取り組む

では，始めましょう！
列ごとに離れて円になりましょう。
最初の人を決めてください。

> **うまくいくコツ**
> けがをしないよう，机を下げるか，広い教室や体育館で行うとよい。

Rock-scissors-paper, 1, 2, 3!!
あ，私だ！

最初の人が決まったら，January と言いながら紙風船を飛ばしましょう！

January!

February! …

March! …（December まで続ける）

3. 最後までできたらもう一度繰り返して行う

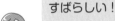
December まで行きましたね！
すばらしい！
ではもう一度やってみましょう！

> **うまくいくコツ**
> 時間に合わせて，落としたら座るなどすると，うまくいっている列のチームを応援することによって月を全員で確認することができる。

\ ポイント /

　曜日や月の単元は，単調になりがちで座ってばかりの歌やチャンツだけではアクティブさに欠けてしまいます。体を動かしながら順番に言えるようになるよう語彙指導をしましょう。

ドキドキしながら選ぼう！

もりもり宿題何曜日？何月？

 時間 　5分

 準備物　●フラッシュカード
●宿題イラスト

ねらい

宿題イラストを引かないように曜日や月を選んでいく活動を通して，友達と協力しながら語彙定着を図る。

対象

中 学年

高 学年

1.ルールを理解する

 今日は，「もりもり宿題何曜日？」のゲームをします。

 まずは黒板に貼ってある曜日を確認しましょう。いくつかの曜日カードの下に，もりもり宿題カードが隠されています。それを引かないように，班で話し合って１つ曜日を選びましょう。

 全員で声をあわせて曜日を英語で言いましょうね。もりもり宿題カードを引かなかった班は成功，引いてしまった班は残念です！

2.みんなで活動に取り組む

 では，実際にやってみましょう。
まずはじめは，１班です。
話し合って曜日を１つ決めましょう！

MONDAY!（話し合って全員で言う）

 では Monday のカードをめくってみましょう！

 やったー！何もない！

 何もありませんでしたね。
まずは1班成功です！

3. 他の班でもやってみる

 では次の班のチャレンジです。

 私たちも何もなかったよ！

 あっ…，宿題のイラストがあった…。

 4班，残念でした！
それでは，シャッフルしてもう一度やってみましょう！

> **うまくいくコツ**
> 宿題イラストを複数
> 用意しておくとさら
> に盛り上がる。

曜日・月を使う

＼ ポイント ／

曜日が順番に言えても，1つ選んで言うことは難しい場合があります。
グループで助け合うことで語彙定着を促すことができます。

文字に親しみながら友達と協力しよう！

ラインアップゲーム

時間 **10分**

準備物 ●曜日カード

ねらい

1人1枚配られた曜日または，月のカードの順番に制限時間内に並ぶ活動を通して，友達と協力しながら語彙の定着を図る。

対象

中 学年

高 学年

1.ルールを理解する

今日は，「曜日ラインアップゲーム」をします。今から列ごとに日曜日から土曜日までのカードを配ります。Ready, go! の掛け声とともに，列の中で曜日カードが順番になるよう整列します。その際，日本語を使ってはいけません。英語で，自分の曜日や友達の曜日を伝えましょう。時間内にできたら成功です！

2.活動に取り組む

では，実際にやってみましょう。1列目の人は前に出てきてください。これから曜日カードを渡しますが，まだ友達には見せません。準備はいいですか？

（配られた自分のカードを確認する。わからない場合は教師が伝えてよい）

それでは，制限時間は30秒です！ Ready go!

 （自分の曜日を伝えたり友達の曜日のカードを見たりして順番に並ぶ）

 Time's up! 時間です。ではカードを上にあげてクラスに見せてください！みんなで読んでみましょう！

 Sunday, Monday, Tuesday, Wednesday, Thursday, Friday, Saturday!

 大成功です！では次の列のチャレンジにいきましょう！

曜日・月を使う

\ プラスα /

　月でやるときは，誕生日などでラインアップゲームをすると，高学年でも楽しむことができます。

友達に聞いて日本代表を目指そう！

日～土までばっちりメニュー

時間	10分	準備物	●ワークシート

ねらい

日曜日から土曜日までのメニューを集めていく活動を通して，友達とやり取りしながら語彙の定着を図る。

対象

中
学年

高
学年

1．ルールを理解する

> 今から，「日～土までばっちりメニュー」をします。まず，配られたワークシートの上段すべての曜日の欄に，サッカー日本代表になれるよう，メニューを日本語で書いてみましょう。やり取りでは，友達に "What do you eat on Monday?" と聞き，友達が言ったメニューを下段に書きます。
> このやり取りを7人と続け，1週間のメニューを集めましょう。同じメニューが連続したり，こってり料理が続いたりしてないか，最後に確認してみましょうね！

2．実際に活動に取り組む

> では，上の段のメニューはすべて書けましたね！
> では，やり取りを始めましょう！

> **うまくいくコツ**
> What do you eat on（曜日）？をしっかり言えるよう準備しておく。

What do you eat on Sunday?

 I eat Salad on Sunday.
What do you eat on Tuesday?

 I eat pasta on Tuesday.
（このやり取りを7人と続けて，メニューを下段に記入する）

 それでは，最後にワークシート下の段のメニューを確認しましょう！ヘルシーメニューになりましたか？

 いい感じになったよ！

曜日・月を使う

目指せ日本代表！
日～土までバッチリメニュー？

自分で考えた1週間分のヘルシーメニューを日本語で書こう

Sunday	Monday	Tuesday	Wednesday	Thursday	Friday	Saturday

ともだちとやり取りしながら、一週間分のメニューを集めよう
What do you eat on Sunday?
I eat ○○ on Sunday!（自分の考えたメニューを伝える）

Sunday	Monday	Tuesday	Wednesday	Thursday	Friday	Saturday

うまくいくコツ
ワークシートにはやり取りの手順も書いておくと混乱が防げる。

＼ ポイント ／

毎日すること，栄養素など，単元に合わせて取り組みましょう。1種類の言語材料で情報をたくさん集める活動は習得が早いです。

ドキドキしながら楽しく単語に親しもう！

国名ボムゲーム

⏱ 時間	5分	📝 準備物	●フラッシュカード ●消しゴム（ペアで1つ）

ねらい

ボムに見たてた消しゴムを渡す際に単語を順番に発音する活動を通して，国名の英単語に慣れ親しむ。

対象

中 学年

高 学年

0. フラッシュカードを提示し，発音を確認する

1. ルールを理解する

> 今から「ボムゲーム」をやります。消しゴムがボムです。爆発する前に，単語を順番に言ってペアの人にパスします。先生がストップウォッチで時間をはかります。カウントダウンが「0」になったら，「BOMB（ボン）！」と言います。声をかけたときに消しゴムを持っていた人が負けです。

うまくいくコツ

十分に発音練習して言えるようにしておくことが望ましいが，わからなかったら周りの人が教えてあげる雰囲気づくりを大切にした方が全員で取り組める。

2. ボムゲームを始める

> Let's start!

America.

 Australia.

 Brazil.

 Canada

 Egypt.

 France.

 Ita….

 BOMB!　Time is over.

うまくいくコツ

時間を見せないようにするとスリルがあり，盛り上がる。

うまくいくコツ

時間制限を1分以内の短いものにし，繰り返す方が学習効果が高い。

国名を使う

3.勝った人を確認して，くり返しゲームに取り組む

 Who is winner?
OK! Let's start next game. Are you ready?

＼ ポイント ／

必ず，消しゴムを持ち続ける子が出ます。そのため，10秒以内に次の人に消しゴムをパスする「10秒ルール」を設定するとよいです。なお，負けても特に罰ゲームはしないようにしています。

リズムで楽しく英語を身につけよう！

パンパンドンドン

| 時間 | 5分 | 準備物 | ●フラッシュカード |

ねらい

リズムに合わせて拍手や足踏みをする活動を通して，楽しみながら英語に慣れ親しむ。

0 . 発音を確認する

1 . ルールを理解する

今日は，「パンパンドンドン ゲーム」をします。まず，みなさんは目を閉じます。目を閉じている間に先生が単語の代わりに や を描きます。目を開けたら，黒板に貼ってあるカード順に単語は発音， は拍手， は足踏みをしてください。

2 . 実際にやってみる

それではみなさん，目を閉じましょう。
（フラッシュカードをずらし， や を描く）
目を開けましょう。
それでは，スタートです！

America, , Brazil, Canada, , Germany, India, , Kenya, Korea, Indonesia, .

うまくいくコツ
先生が楽しみながらやをリードしていくとスムーズに進む。

Very good!
Let's start next game.
Close your eyes.
（前回よりも多くフラッシュカードをずらし，やを描く）
Open your eyes.

America, Australia, Brazil, Canada, , , Finland, Germany, India, , Kenya, Korea, , Saudi Arabia.

 AMERICA
 AUSTRALIA

 FINLAND
 GERMANY

 INDIA

 KENYA
 KOREA

 SAUDI ARABIA

国名を使う

＼ ポイント ／

　子どもが目を閉じている間に，英単語の順番を替えることで新しい刺激になります。また，1つの単語の枠内にを三連続で入れたり，休みを入れたりしてもおもしろいです。

どっちが早く言えるかな？
3-2-1ゲーム

⏱ 時間	5分	✏️ 準備物	●絵カード

ねらい

ペアの友達が提示する英単語を素早く答える活動を通して，教科の英単語に慣れ親しむ。

対象

中 学年

高 学年

1.ルールを理解する

今から「3-2-1ゲーム」を行います。

まず隣の人とペアになり，それぞれの人が教科の絵カード11枚を持ちます。「スリー・トゥー・ワン，GO！」をお互いに言いながら，絵カードを出します。
相手の出した絵カードを見て，相手の英単語を言います。相手の絵カードを早く言えた方が，1ポイントもらいます。
取ったポイントの多い方が勝ちです。

2.実際にやってみる

Let's start 3-2-1 game.
Make a pair.

> **うまくいくコツ**
> 子どもたちがある程度単語を言えると，よりゲームを楽しめる。

3. ペアとやり取りする

 3! 2! 1! GO !!

 えぇと…

 Science!
やった！私の勝ちだね，1ポイントゲット！

 獲得したポイントはノートにメモしておいてくださいね。

4. やり取りを続ける

 3! 2! 1! GO !!

 Math!

 English!

 よし！ぼくの方が早かったね。1ポイント！

 悔しい…。どんどんやろう！

教科名を使う

> ＼ ポイント ／
>
> 教科書に付属のカードを使ってやりますが，新出だけでなく既習のカードも入れて行います。よい復習になります。

記憶力と発音で勝負しよう！

教科で神経衰弱

 時間　10分

 準備物　●フラッシュカード

ねらい

教科名のカードを使って神経衰弱をする活動を通して，楽しみながら教科の単語に慣れ親しむ。

対象

中
学年

高
学年

1. ルールを理解する

 今から，グループ対抗の神経衰弱ゲームをします。
黒板に，カードを裏返しに並べています。カードの裏には，様々な教科が英語で書かれています。

 グループごとに「1A（ワンエー）」や「3C（スリーシー）」のようにめくるカードを選びます。選んだ2枚が同じカードで，さらにグループ全員で発音できれば，1ポイント獲得です。カードを多くとったグループの勝ちです。得点した後は，次のグループの番になります。

2. 神経衰弱ゲームをする

 Let's start the game!
Group 1, Choose two cards.

> **うまくいくコツ**
> 全員言えないとポイントをあげないルールでも，意欲を下げないために甘い基準で判断する。

196

5A and 3D.

 (せーの) Japanese!

 Good job! Group 1 get 1 point! Next, Group 2.

 やったぁ！みんな言えてすごいね。

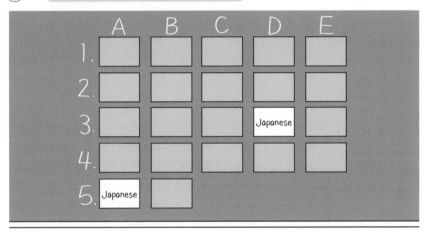

みんなでつくろう！
写真でパパッと絵カードづくり

時間 **10分**

準備物
●タブレット
●スクリーン

ねらい

友達と絵カードをつくることを通して，スペルを意識したり，英単語のイメージやインパクトを高めて語彙の定着を図ったりする。

対象
中 学年
高 学年

1. 絵カードをつくる方法を知る

今日は動きを表す言葉の絵カードをみんなで協力してつくります。例えば，"read"だったら，本を読んでいる姿を写真に撮影します。あとはそれに手書きで"read"と書き込めば完成です。

2. 絵カードづくりをする

では今からペアで協力してキーワードにある絵カードをなるべくたくさんつくりましょう。

ぼくたちは"play"をつくろう！何をしている場面がいいかな？

"play soccer"にしよう！サッカーをしている真似をするから，写真を撮って！

"play the piano"でもいいかな！２種類つくってみよう！
（写真を撮影する）

写真の下に "play" って書こう！スペルは p・l・a・y だね。

3. つくった絵カードを全体で共有する

それでは，みんながつくったカードを発表してもらいましょう。
カードをスクリーンに映すので，順番に説明してくださいね。

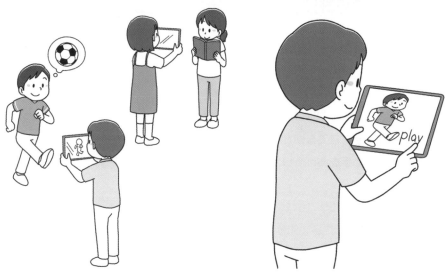

＼ プラスα ／

　つくった絵カードは，その後の授業でも活用できます。また，動詞の場合は，写真を３枚ほど使って GIF アニメ形式でつくると，よりその単語のイメージが湧きやすくなります。

手書きアニメーションで予想しよう！

スピードリーディング・ライティング

⏰ 時間 **10分**

✏️ 準備物
- ●タブレット
- ●スクリーン

ねらい

手書きアニメーションから単語とスペルを予測して書く活動を通して，自然と単語のスペルが定着できるようにする。

対象
中 学年

高 学年

1. スピードリーディングゲームに取り組む

今から「月」のライティングの練習をします。スクリーンを見ましょう。スクリーンに，January から December までの月のどれかが手書きで書かれるアニメーションが流れます。何月かわかった段階で手をあげましょう。（アニメーションを開始する）

わかった！
（手をあげたら，先生はその場で一旦アニメーションを止める）

ではみんなで，●●さんに尋ねましょう。What month is it?

What month is it?

えっと… Mだから… It's May!

では続きを見てみましょう。

あ！May じゃない！3文字目は r だから，March!

2 . スピードライティングに取り組む

では次に「スピードライティングゲーム」をします。今度は，アニメーションを見て，それが何月かを予想し，アニメーションが終わるまでにその月をノートに書きましょう。

（心の中で）わかった！Ap だから April だ。（書き始める）

あ！スペルがわからない！このままだとアニメーションに負ける！
ちょっとスペルを覚えたい！

（何度かやったところで…）では，アニメーションのスピードを15秒から12秒に減らします。

え!? 速くなるの!? よし，がんばるぞ！
もうスペルを覚えたから大丈夫！

＼ ポイント ／

　先生が手書きするのではなく，強制的にアニメーションで示すことで，子どもたちはそのスピードよりも早く答えたい・書きたいという気持ちが強くなります。また，アニメーションに勝つために，スペルを自然と覚えようとする姿にも結びつきます。

書いたものをかざしてみよう！

正しく翻訳されるかな

時間	10分	準備物	●タブレット

ねらい

翻訳機に認識されるように書く活動を通して，自然と英語のスペルに気をつけ，丁寧に書くことへの意欲を高める。

対象

中
学年

高
学年

1．Google翻訳の「カメラ入力」機能を知る

 まず，自分の好きなものをノートに英語で書きましょう。

 I like soccer.（ノートに書き込む）

 では，ノートに書いたものを，Google翻訳の「カメラ入力」機能で読み込んでみましょう。そのとき『「英語」→「日本語」』に設定しましょう。

 あれ，変な日本語になるな。うまく日本語に翻訳されないな。

2．翻訳機に認識されるようにライティングする

 では，スクリーンに映した "I like soccer." を「カメラ入力」してみましょう。

あ！「私はサッカーが好きです。」って出た！

 もう少し丁寧に書けば認識されるのかも！書いてみよう！

 やった！「私はサッカーが好きです」って訳された！

 あれ？ぼくも「私はサッカーが好きです。」って訳されたけれど，ぼくのには「。」がついているね！

 あ，私は英文の最後に．（ピリオド）をつけていないからかもしれない！

読む・書く

＼ ポイント ／

　「丁寧に書きましょう！」などと言わなくても，「翻訳機」に認識されるためには，必然的に丁寧に書いたり，スペルに気をつけたりする必要があります。そういった必然性から，ライティングへの興味関心を高めます。

アルファベットから単語を見つけよう！

英単語かくれんぼ

🕐 時間 **10分**

📝 準備物 ●ワークシート

ねらい

8×8にたくさん書かれたアルファベットの中から英単語を見つける活動を通して，楽しくスペルを定着できるようにする。

対象
中 学年

高 学年

1. ルールを理解する

 ワークシートの中に，たくさんのアルファベットが並べられています。この中からたくさんの英単語を見つけましょう。英単語は「たて」か「よこ」かのどちらかで書かれています。

 たくさん英単語を見つけるぞ！

2. 色を表す単語（特定のジャンル）を探す

 ではまずは，色を表す単語を見つけてみましょう。どんな色を知っているかな？

 red! black!

 blue! green!

r	e	d	b	l	u	e	m
c	l	o	u	d	r	s	e
l	e	g	r	e	e	n	l
q	p	a	n	d	a	u	o
t	h	i	n	k	d	t	n
c	a	k	e	i	o	s	e
a	n	t	w	n	l	f	t
t	t	o	o	g	l	u	r

それぞれ, 最初のアルファベットは何かな?

 red は "r"! black は "b" かな!

 では, それをヒントに探してみましょう!

 えっと…あ! r と e と d で red じゃない?
(見つけたら○をつける)

3. 色以外の英単語を探す

 では, 色以外にもいろんな単語を見つけてみよう! どんな単語があるかな?

 m e l o n って, melon じゃない!? (声に出しながら, それぞれの文字の音を頼りに単語を見つける)

4. 見つけた単語をみんなで共有して, スペルを確認する

 どんな単語を見つけられましたか?

＼ ポイント ／

　いきなり単語を書くのは難しいかもしれませんが, アルファベットのそれぞれの文字の音から推測して, そこから知っている単語と結びつけて考えることは少し難易度が下がります。単語を読んだり書いたりすることへの導入としてとても効果的なゲームです。

令和版 英単語を当てよう！
シャークゲーム（ハングマンゲーム）

🕐 **時間** 5分 　 📝 **準備物** ●教科書

ねらい

隠された単語のアルファベットを当てる活動を通して，フォニックスを学習する。

1. 事前準備をする

先生は出題する単語を選び，その単語の文字数を表す下線を引く。
12段の階段とサメを描き，お肉を階段の1番上に置く。

2. ルールを理解する

 先生が教科書に出てくる単語から1つ選びます。みんなには教えません。そのため，みなさんがこの単語を当ててください。

 みなさんは，グループごとに単語に入っていると思うアルファベットを1つ答えます。先生はそのアルファベットが答えの単語に入っているところすべてにその文字を書きます。アルファベットが単語に入っていなければ，階段のお肉を1段下げ，サメに近づけます。単語を当てたグループの勝ち，そして，お肉がサメに食べられたら，先生の勝ちです。では，やってみましょう。

I.

 Good! (答えが pink なので，左から2番目に i を書く)
答えたアルファベットのフォニックスをクラス全員で3回ずつ言い
ましょう。

 I I I （イ イ イ）

うまくいくコツ
これらの流れをテンポよ
く繰り返す。階段の数は
実態に応じて見て少なく
してもよい。

 I I I （イ イ イ）

 Group 1，答えだと思う単語を1つ答えてください。

 Fine.

読む・書く

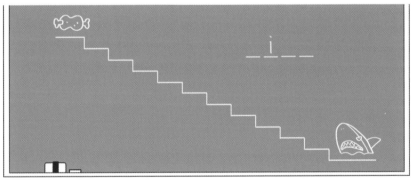

\ プラスα /

　フォニックスが身についてきたら，グループごとの発言の際に「ドゥ，
ドゥ，ディー」のように言うこともできます。

100点以上を目指そう！
120秒チャレンジ

 時間　3分

 準備物
- アルファベットカード
- 記録表

 ね ら い

ばらばらにしたアルファベットカードを読み上げる活動を通して，アルフベットを早く正確に読めるようにする。

対象
中学年
高学年

1. ルールを理解する

アルファベットカードを切り，順番をバラバラにして裏にしたまま手に持ちます。先生の「Ready, go!」の合図でカードを1枚ずつ表にして，正しく読み上げます。26枚を読み終えたときの残り時間がそのままあなたのポイントになります（最大120ポイント）。

2. 120秒チャレンジに取り組む

今日はペアで行います。はじめは座席の右側がチャレンジャー，左側が時間係です。
Are you ready?
Ready, go!（タイマーで2分間のカウントダウンを始める）

Q, W, E, R, T, Y, U, I, O, P, A, S, D, F, G, H, J, K, L, Z, X, C, V, B, N, M.

残り時間は1分12秒だから72ポイントだ！

 …5, 4, 3, 2, 1, time's up.
次は座席の左側がチャレンジャー，
右側が時間係です。
Are you ready?
Ready, go!

うまくいくコツ
終えた時間は，子どもに自己申告させる。記録を残しておくと成長がわかり，動機づけにつながる。

 M, B, V, C … O, I, U …

 Y だよ。

 Y, T, … R, E,
… W, Q, L, K, J, H …

うまくいくコツ
120秒で終われなかった場合は，記録表に「○枚」と記入する。

 …5, 4, 3, 2, 1, time's up.

＼ プラスα ／

　100ポイント（20秒以内）以上獲得することができるので，子どもたちは熱中します。

　また，グループで教えることを OK にすると学び合いにもつながります。4人グループの場合，チャレンジャー，正しいかチェックする人，時間，自主練習の役割に分かれて行います。

　帯活動で繰り返し行うと，クラスのほとんどの子が100ポイント以上獲得できるようになります。ぜひお試しください。

みんなより早く取れるかな？
オンラインカルタ

時間 10分

準備物 ●タブレット

ねらい

　先生が黒板に書いた単語を読み取り，正しい絵カードをすばやく選ぶ活動を通して，全員でカルタを楽しみながら英語を読む力を育てる。

対象

中 学年

高 学年

先生はロイロノート・スクール内で提出箱を用意します。
子どもたちはロイロノート・スクール内でテキストを用意します。

1 . ルールを理解する

今から「オンラインカルタ」をします。先生が提示する英語の単語の日本語をテキストに書いて，提出箱に出します。早く提出した子たち（クラス全体のうち上位4分の1）が1ポイント獲得です。それでは，オンラインカルタをやってみましょう。

> **うまくいくコツ**
> 学習中の単元で使用されているジャンルの単語を扱うと定着につながる。

2 . ロイロカルタに取り組む

（「English」と黒板に書いていく）

わかったー！（テキストに日本語の意味を書いて提出箱に入れる）

 答えは何でしょう。

 英語です。

 That's right.
3・2・1・0.
（提出箱を「提出順」で表示する）
Aさん，Bさん，Cさん，Dさん，
Eさん，Fさん get 1 point.
Let's start the next game.

うまくいくコツ
ほぼ全員が提出済みになるまで，「名前の表示をオフ」にすると苦手な子たちも取り組めるようになる。

 さっきは間に合わなかったけど，あと少しだったからがんばろう！

ちょっと難しいけど，他の人が提出したものも見ながらやってみよう。

うまくいくコツ
英語が苦手な子どもたちには「提出箱を見ながら取り組んでいいよ」と声をかけると，安心して取り組めるようになる。

読む・書く

＼ ポイント ／

　もともとは，先生が英語を言う→子どもが聞き取った単語に合うカードを早いもの順で提出するものです。つまり，聞く力を育てるためのゲームです。このゲームをやるとクラスがとてもよく盛り上がり，子どもたちは積極的に読んだり聞いたりします。

辞書を使って書いてみよう！

英語しりとり

| 時間 | 5分 | 準備物 | ●教科書や絵辞書
●白紙 |

ねらい

英語でのしりとりをグループでする活動を通して，教科書や絵辞書などに記載されている単語を「探し読み」する力を育てる。

対象 中学年 高学年

1. ルールを理解する

今日は「英語しりとり」をやります。グループで活動します。書かれている単語の最後のアルファベットから始まる単語を探し読みし，紙に書く。書いたら，次の番の子に紙を渡す。これを繰り返し，制限時間の3分間で最も多く書けたグループの勝ちです。

2. 教師に3つ質問をする

グループで書く順番を決めましょう。最初の文字は「s」です。30秒の作戦タイムをとります。Ready go!

「s」だから「summer」！

次は「r」…ここにあった！「rule」！

うまくいくコツ
作戦タイムでは，紙に英単語を書くことはNG。ただ，次に何を書くかを相談するのはOKとすることで協働的な学習が促される。

次は「e」「e」「e」…

 「e」は「English」があったよ！

 Time's up. 制限時間の３分間です。英語しりとり「s」から Ready go!

 よし，まず「summer」を書いて…

 次の単語を準備しておこう。
（子どもは，「単語を探し読みする→単語を紙に書く→次の子に紙を渡す」を繰り返す）

> **うまくいくコツ**
> ４線に丁寧に書くよりも，読むことに重点を置いているので無地の紙でOK。

> **うまくいくコツ**
> 最後に「x」がくる単語には注意。「x」から始まる一般的な単語は，「xylophone」「x-ray」くらいしかない。

読む・書く

＼ ポイント ／

　人に教えてもらうのもOKとします。ただし，読んで書くのだけは必ずその子がやるように声をかけておきましょう。以下のルールを追加して行うのもおすすめです。

・英語しりとり中に同じ単語を２回以上書いてもよいが，２回目以降は０ポイントとしてカウントする。

・２回目以降の英語しりとりでは，今まで書いたものを真似して書いてもよい。

・先生が選んだジャンルの単語を書いたら２ポイントとする（２回目以降は０ポイント）。

【編者紹介】

『授業力＆学級経営力』編集部
（じゅぎょうりょく＆がっきゅうけいえいりょくへんしゅうぶ）

【執筆者一覧】

胡子美由紀（広島市立美鈴が丘中学校）

服部　晃範（静岡県菊川市教育委員会）

尾形　英亮（宮城県仙台市立中山小学校）

谷内　祥絵（京都府南丹市立八木西小学校）

常名　剛司（静岡大学教育学部附属浜松小学校）

髙田　実里（熊本大学教育学部附属小学校）

平良　　優（沖縄県宮古島市立伊良部島小学校）

東口　貴彰（関西大学初等部）

田鍋　敏寿（滋賀県彦根市立城南小学校）

北川　雄一（東京都公立小学校）

増渕真紀子（東京都八王子市立鑓水小学校）

宮崎　慶子（近畿大学附属小学校）

進藤　豪人（新潟市立漆山小学校）

４年間まるっとおまかせ！
短時間でパッとできる英語あそび大事典

2024年３月初版第１刷刊　Ⓒ編　者　『授業力＆学級経営力』編集部

発行者　藤　原　光　政

発行所　明治図書出版株式会社

http://www.meijitosho.co.jp

（企画）新井皓士（校正）山根多惠・奥野仁美

〒114-0023　東京都北区滝野川7-46-1
振替00160-5-151318　電話03(5907)6701
ご注文窓口　電話03(5907)6668

＊検印省略　　　　組版所　広研印刷株式会社

Printed in Japan　　　　　　ISBN978-4-18-358334-5

もれなくクーポンがもらえる！読者アンケートはこちらから